L'Essentiel de la grammaire française

Troisième édition

Léon-François Hoffmann
Princeton University

with **Jean-Marie Schultz**
University of California, Berkeley

Prentice
Hall

Prentice Hall
Upper Saddle River, New Jersey   07458

Editor-in-Chief: Steve Debow
Director of Development: Marian Wassner
Assistant Editor: María F. García
Editorial Assistant: Brian Wheel

Managing Editor: Deborah Brennan
Design Supervision: Christine Wolf
Interior Design: Meryl Poweski
Cover Design: Meryl Poweski
Manufacturing Buyer: Tricia Kenny

ISBN 0-13-294794-3

Prentice-Hall International (UK) Limited, *London*
Prentice-Hall of Australia Pty. Limited, *Sydney*
Prentice-Hall Canada Inc., *Toronto*
Prentice-Hall Hispanoamericana, S.A., *Mexico*
Prentice-Hall of India Private Limited, *New Delhi*
Prentice-Hall of Japan, Inc., *Tokyo*
Prentice-Hall (Singapore) Asia Pte. Ltd., *Singapore*
Editora Prentice-Hall do Brasil, Ltda., *Rio de Janeiro*

Table des matières

QUATRIÈME LEÇON

Partie A

Partie B

CINQUIÈME LEÇON

Partie A

Partie B

SIXIÈME LEÇON

Partie A

Partie B

SEPTIÈME LEÇON

Partie A

Partie B

HUITIÈME LEÇON

Partie A

Partie B

NEUVIÈME LEÇON

Partie A

Partie B

DIXIÈME LEÇON

Partie A

Partie B

ONZIÈME LEÇON

Partie A

Partie B

DOUZIÈME LEÇON

Partie A

Partie B

TREIZIÈME LEÇON

Partie A

Partie B

QUATORZIÈME LEÇON

Partie A

Partie B

APPENDICE NUMÉRO UN

APPENDICE NUMÉRO DEUX

APPENDICE NUMÉRO TROIS

Préface

The third edition of *L'Essentiel de la grammaire française* presents a revision of one of the classic French grammars and addresses the evolving needs of intermediate and advanced language students. As with previous editions, the third edition features the same self-contained chapters. This allows for flexibility in tailoring the grammar presentation to individual pedagogical styles and purposes. It also makes *L'Essentiel de la grammaire française* an ideal grammar reference book for students continuing their studies of French. This revision has been carried out on two basic levels: the grammar points presented within many chapters have been reordered, and the chapters themselves have been resequenced. The revision and resequencing of grammar presentations allows the chapters to progress from fundamental to increasingly refined usages.

In the third edition most grammar chapters include *formation* and *emploi* sections. The *formation* sections present a review of the grammatical forms targeted in the chapter, thus addressing the needs of many intermediate-level students who may have only recently acquired a basic knowledge of verb forms and tenses, formation of the partitive article, of adjectives, and the like. In some cases, as with the *passé simple* and the literary tenses of the subjunctive, some intermediate-level students may not yet be familiar with such forms. The presentation of grammatical forms is designed to make *L'Essentiel de la grammaire française* more accessible to these students. The *emploi* sections, in which basic grammatical function is defined, address much the same need, since not all intermediate students have encountered the technical definition of grammatical terms. Providing these where needed is designed to help students grasp the grammatical concepts behind usage more easily. Other changes within chapters involve the alteration of and addition to certain explanations for simplification and clarification.

The new sequence of the chapters in *L'Essentiel de la grammaire française* enables students to focus on smaller units of French grammar. Topics presented in the first chapter in the second edition—the present tense, the imperative, the future and anterior future, and the present and past conditional—are spread over three chapters in this edition. Other chapters have been sequenced in a way that recycles and reinforces the grammar reviewed in previous chapters. The chapter that treats the verbs *devoir*, *pouvoir*, *savoir*, *connaître*, and *faire* follows the chapter on the conditional in order to reiterate the largely idiomatic use of this mode with the first three verbs. The chapter on negation now follows the chapter on indefinite and partitive articles in order to review the negation of the partitive. This new sequence aims to reduce students' difficulties with negations.

The new edition of *Travaux pratiques* that accompanies *L'Essentiel de la grammaire française* enables instructors to adjust the level of assignments to the skill levels of their students. Each chapter begins with an *Exercises préliminaires* section in which students can test their knowledge of grammatical form and basic structures. Exercises can be done individually by students, who can check their answers in the key provided. This immediate feedback allows students to target problematic structures themselves before they begin the core workbook exercises. Each chapter also contains an *Exercises supplémentaires* section. Included here are additional exercises for more practice and more challenging exercises for the further refinement of grammar. Translation exercises, which bring into play the subtle differences between French and English and check grammatical knowledge very precisely, are also provided.

Acknowledgments

We are grateful to instructors and students who have written to us with comments and suggestions for the *Third Edition*. In addition to acknowledging the assistance of these *informal* reviewers, we would like to thank the following colleagues who read and commented on portions of the new edition: Larry S. Crist, Vanderbilt University; Martine Debaisieux, University of Wisconsin, Madison; Constance Dickey, Wake Forest University; Claudine Giacchetti, University of Houston; Gary M. Godfrey, Weber State University; Nicholas O. Martin, Pasadena City College; Stamos Medzidakis, Washington University, St. Louis; D. Hampton Morris, Auburn University; Susan Rava, Washington University, St. Louis; Thomas R. Vesseley, University of Texas, Austin; Hélène Vilavella, University of Washington, Seattle.

Première Leçon

PARTIE A

- Le présent de l'indicatif
- L'impératif

PARTIE B

- Le futur simple
- Le futur antérieur

PARTIE A

1. Le présent de l'indicatif

A. Formation

Pour former le présent de l'indicatif, on remplace la terminaison de l'infinitif (-**er** pour les verbes du premier groupe; exemple : porter, -**ir** pour ceux du deuxième groupe; exemple : finir, -**re** pour ceux du troisième groupe; exemple : attend**re**) par les terminaisons du présent de l'indicatif:

PORTER	FINIR	ATTENDRE
je porte	je finis	j'attends
tu portes	tu finis	tu attends
il/elle porte	il/elle finit	il/elle attend
nous portons	nous finissons	nous attendons
vous portez	vous finissez	vous attendez
ils/elles portent	ils/elles finissent	ils/elles attendent

Revoir le présent de l'indicatif des verbes irréguliers (Appendice trois, p. 175).

B. Emploi

1. Comme en anglais, le présent indique généralement que l'action se produit au moment où l'on parle:

> Il **pleut**.
> Tous les hommes **ont** les mêmes droits.
> Ils **construisent** une maison.
> Ma sœur n'**étudie** pas le latin.
> Que **pensez**-vous de ce livre?

2. Comme en anglais, le présent s'emploie aussi pour indiquer une action habituelle, qui reste vraie au moment où l'on parle:

> Les Américains **boivent** du lait avec leurs repas.
> Le soir, avant de me coucher, je me **brosse** les dents.
> On dit souvent que l'argent ne **fait** pas le bonheur.

3. **Être en train de + infinitif:** Pour situer plus rigoureusement l'action dans le présent, on peut employer la locution **être en train de + infinitif:**

> Je **suis en train** d'écrire un roman.
> Ils **sont en train** de construire une maison.
> L'analphabétisme est **en train de** disparaître dans ce pays.[1]

4. **Le présent historique:** On emploie le présent pour donner plus de vigueur à l'expression d'événements importants ou dramatiques qui se sont produits dans le passé:

> La bataille était commencée; les troupes reculaient; la situation semblait désespérée. Tout d'un coup, on **entend** le bruit du canon; le renfort **arrive**, les soldats **reprennent** courage, l'ennemi **est** battu. Ce fut une grande victoire: elle sauva le pays.

5. Comme en anglais, le présent peut être employé au lieu du futur, pour exprimer familièrement un projet ou une certitude:

> Nous **allons** en France l'année prochaine.
> Demain, il **dîne** chez des amis.
> J'**arrive** dans une minute.
> Le train **part** dans une heure.

6. Familièrement, le présent peut être employé au lieu d'un temps passé lorsqu'il s'agit d'un passé récent, surtout avec les verbes tels que: **arriver, sortir, revenir, partir,** etc., qui indiquent le déplacement:

> Marie est fatiguée: elle **rentre** de son travail.
> Pierre **sort** à l'instant.
> J'**arrive** de Paris.

7. Comme en anglais, après si conditionnel (traduit par *if* et non par *whether*), on emploie le présent et non pas le futur (voir B:2, p. 8):

> Je lui dirai bonjour si je le **rencontre**.
> J'irai au cinéma si l'on **joue** un bon film.
> Si vous **allez** en ville, je viendrai avec vous.

---

[1] La locution **être en train de + infinitif** s'emploie aussi dans les autres temps du verbe pour donner plus de vigueur à l'expression et pour situer l'action plus strictement dans le moment indiqué:

J'étais en train d'écrire quand vous avez téléphoné.
Je serai en train d'écrire quand vous téléphonerez.
Si vous n'aviez pas téléphoné, j'**aurais été en train** d'écrire à ma mère.

C. "Depuis", "depuis que", "il y a...que", "voilà...que" et "cela fait...que"

1. Le présent doit être employé pour indiquer une action commencée dans le passé, mais qui continue dans le présent. Remarquer que l'anglais emploie soit *for*, soit *since* et le *past progressive* pour exprimer cette idée:

   > Elle travaille **depuis** une semaine.
   > *She has been working for a week.*

   > Il travaille **depuis que** son père est mort.
   > *He has been working since his father died.*

   > Ma sœur étudie le latin **depuis** trois ans.
   > *My sister has been studying Latin for three years.*

   > Ils attendent **depuis** hier.
   > *They have been waiting since yesterday.*

   > Il pleut **depuis** mercredi.
   > *It has been raining since Wednesday.*

2. Les expressions **il y a...que**, **voilà...que**, **voici...que**, et **cela fait...que** peuvent s'employer à la place de **depuis...que**. Pour le premier exemple ci-dessus on peut aussi dire:

   > **Il y a** une semaine qu'elle travaille.
   > **Cela fait** une semaine qu'elle travaille.
   > **Voici** une semaine qu'elle travaille.
   > **Voilà** une semaine qu'elle travaille.

3. Les formes interrogatives de ces expressions idiomatiques sont:

   > **Depuis combien de temps** travaille-t-elle?
   > **Depuis quand** travaille-t-elle?
   > **Cela fait combien de temps** qu'elle travaille?

4. Dans des phrases négatives, pour indiquer qu'une action ne s'est pas produite entre un moment précis du passé et le présent, on peut également employer le passé composé:

   > Ma sœur **n'étudie pas** le latin depuis sa maladie.
   > ou: Ma sœur **n'a pas étudié** le latin depuis sa maladie.

   > Il **ne pleut pas** en France depuis le mois dernier.
   > ou: Il **n'a pas plu** en France depuis le mois dernier.

   > Cela fait trois semaines qu'il ne me **téléphone pas**.
   > ou: Cela fait trois semaines qu'il ne m'a pas **téléphoné**.

5. Remarquer la différence entre l'expression **il y a…que,** qui correspond à **depuis** et exige le présent, et l'expression **il y a . . .** (traduite par *ago*), qui s'emploie avec le passé:

> *He has been studying French **for three years.***
> **Il y a trois ans** qu'il étudie le français.

> *He began studying French three years **ago.***
> Il a commencé à étudier le français **il y a trois ans.**

D. "Pendant"

Pour exprimer la durée d'une action qui a été terminée dans le passé, on emploie la préposition **pendant** et un temps passé:

> *He worked **for a week.***
> Il a travaillé **pendant** une semaine.

> *In 1934, the union went on strike **for two months.***
> En 1934, le syndicat a fait grève **pendant** deux mois.

La préposition **pendant** est souvent sous-entendue:

> Il a travaillé une semaine.
> En 1934, le syndicat a fait grève deux mois.

E. "Pour"

La préposition **pour** exprime la durée d'une action à partir du moment où elle commence, et s'emploie surtout avec le présent ou le futur.

> Il part en France **pour** trois semaines.
> Je suis ici **pour** un an.

Pour traduire

Venir de + infinitif: Pour exprimer un passé très récent, on emploie l'expression **venir de** au présent + infinitif. Cette expression se traduit en anglais par le *past tense* et *just* ou par *to have just.*

> Je **viens de finir** mes devoirs. Maintenant je peux aller au cinéma.
> *I **just finished** my homework. Now I can go to the movies.*

> Dans notre cours de français nous **venons de lire** *Le Mur* de Jean-Paul Sartre.
> *In our French class we **have just read** The Wall by Jean-Paul Sartre.*

(Venir de + infinitif à l'imparfait, voir B:4, p. 19.)

2. L'impératif

A. Formation

À la première personne du pluriel (nous) et à la deuxième personne du singulier (tu) et du pluriel (vous), l'impératif prend les formes du présent de l'indicatif. Pour les verbes en -er (**aller** y compris), on omet le s à la deuxième personne du singulier:

INDICATIF	IMPÉRATIF
tu donnes	donne[s]!
nous donnons	donnons!
vous donnez	donnez!
tu vas	va[s]!
nous allons	allons!
vous allez	allez!
tu tiens	tiens!
nous tenons	tenons!
vous tenez	tenez!
tu réponds	réponds!
nous répondons	répondons!
vous répondez	répondez!

Cependant, les verbes en -**er**, conservent le s devant les pronoms **y** et **en**:

Va chercher du lait, et **vas-y** tout de suite.
Ouvre des boîtes de conserve, et **ouvres-en** plusieurs.

B. Emploi

L'impératif exprime un ordre, un souhait ou une prière:

Arrête-toi! Sortez! Va-t'en!	(ordre)
Amusez-vous bien!	(souhait)
Pardonnez-moi!	(prière)

C. Les verbes "avoir" et "être"

Les verbes **avoir** et **être** à l'impératif prennent les formes du présent du subjonctif; les verbes **savoir** et **vouloir** ont une forme spéciale:

> Vous êtes fort, **soyez** courageux aussi. **Sois** honnête.
> N'**ayez** pas peur, je viendrai. N'**aie** (sans **s**) pas peur.
> **Sachez** ce que vous voulez. **Sache** obéir aux ordres.
> **Veuillez** ne pas faire de bruit.[1]

D. Les verbes pronominaux à l'impératif

Dans les verbes pronominaux à l'impératif, le pronom réfléchi est placé après le verbe à l'affirmatif, devant le verbe au négatif:

> **Dépêchez-vous!**   Ne vous dépêchez pas!
> **Lève-toi!**   Ne te lève pas!

(Voir E:3, p. 105.)
(Voir la place des pronoms personnels à l'impératif, p. 113-114.)

E. Le subjonctif comme impératif

À la première personne du singulier et à la troisième personne (du singulier et du pluriel), l'impératif prend les formes correspondantes du présent du subjonctif:

> Que je **puisse** seulement vous revoir un jour!
> Qu'il **parte!** Qu'ils y **aillent!** Qu'elle **sorte!**
> Que personne ne **bouge!**

F. L'infinitif

On emploie souvent l'infinitif comme impératif pour donner, par écrit, une indication ou un avis impersonnels:

> Ne pas **parler** au conducteur.
> **Voir** Victor Hugo, *Les Misérables*, p. 347.
> **Ralentir.**
> **Frapper** avant d'entrer.

---

[1] L'impératif de **vouloir** à la deuxième personne du pluriel est souvent employé dans la correspondance et, tout particulièrement, dans les formules de politesse qui terminent les lettres:

> **Veuillez** trouver ci-joint un chèque au montant de 400 francs.
> **Veuillez** nous indiquer, Monsieur, l'adresse de votre avocat.
> **Veuillez** agréer, Messieurs, l'assurance de mes sentiments très distingués.

L'impératif de **vouloir** à la deuxième personne du singulier, **veuille**, est extrêmement rare.

Pour traduire

En anglais, l'impératif se forme souvent avec *let + pronoun + infinitive*. Le français a une forme spéciale:

Let's go!	Allons! (Partons!)
Let him learn French!	Qu'il apprenne le français!
Let's not quibble!	N'ergotons pas!

Quand *let + pronoun + infinitive* indique la permission et non pas l'ordre, le français emploie le verbe **laisser** ou le verbe **permettre**:

Allow us to go, please.
Permettez-nous de partir, s'il vous plaît.

Let us go, please
Laissez-nous partir, s'il vous plaît.

Allow him to learn French since he wants to.
Permettez-lui d'apprendre le français, puisqu'il le désire.

Let him learn French since he wants to.
Laissez-le apprendre le français, puisqu'il le désire.

PARTIE B

3. Le futur simple

A. Formation

Pour former le futur simple on ajoute les terminaisons du futur à l'infinitif du verbe. (Pour les verbes dont l'infinitif se termine en -re, on élimine l'e avant d'ajouter les terminaisons du futur.) Les terminaisons du futur sont: **-ai, -as, -a, -ons, -ez, -ont**:

PORTER	FINIR	ATTENDRE
je porterai	je finirai	j'attendrai
tu porteras	tu finiras	tu attendras
il/elle portera	il/elle finira	il/elle attendra
nous porterons	nous finirons	nous attendrons
vous porterez	vous finirez	vous attendrez
ils/elles porteront	ils/elles finiront	ils/elles attendront

Le futur des verbes irréguliers les plus communs est:

aller:	j'irai	pouvoir:	je pourrai
avoir:	j'aurai	recevoir:	je recevrai
courir:	je courrai	savoir:	je saurai
cueillir:	je cueillerai	tenir:	je tiendrai
devoir:	je devrai	valoir:	je vaudrai
envoyer:	j'enverrai	venir:	je viendrai
être:	je serai	voir:	je verrai
faire:	je ferai	vouloir:	je voudrai

(Pour une liste plus complète des verbes irréguliers voir Appendice trois, p. 175.)

B. Emploi

1. Le futur simple marque une action à venir:

> J'**écrirai** une lettre demain matin.
> Ma sœur **étudiera** le chinois l'année prochaine.
> Il ne **pleuvra** pas avant l'automne.
> Un jour, il n'y **aura** plus de guerres.
> Ils **construiront** une maison.

2. Comme en anglais, après si conditionnel (traduit par *if* et non par *whether*) on emploie **le présent** et non pas le futur (voir B:7, p. 2):

> Si je le rencontre, je lui **dirai** bonjour.
> Si l'on joue un bon film, **j'irai** au cinéma.
> Je **viendrai** avec vous, si vous allez en ville plus tard.

Mais quand **si** peut se traduire par *whether*, on emploie le futur après **si**, comme en anglais:

> Je ne sais pas **si** (*whether*) elle **viendra**.

3. Après **quand** [*when*], **lorsque** [*when*], **dès que** [*as soon as*], **aussitôt que** [*as soon as*], **tant que** [*as long as*], **après que** [*after*], le futur simple (ou le futur antérieur, selon le sens) est obligatoire si le verbe principal est au futur ou à l'impératif:

> Tant qu'il **existera** des taudis, nous continuerons à manifester.
> *As long as there are slums, we will continue to demonstrate.*

> Aussitôt que vous **recevrez** (**aurez reçu**) des nouvelles, prévenez-moi.
> *A soon as you receive (have received) news, let me know.*

> J'enverrai le manuscrit à l'éditeur quand ma secrétaire **finira** (**aura fini**)
>   de le taper.
> *I'll send the manuscript to the editor when my secretary finishes*
>   *(has finished) typing it.*

4. Le futur simple peut remplacer l'impératif pour donner un ordre ou un conseil:

> Pour avoir une bonne note, vous **travaillerez** beaucoup et vous **ferez** attention en classe. (conseil)
>
> Tu **iras** acheter du pain, et tu **rentreras** tout de suite après. (ordre)
>
> Tu ne **tueras** point. (ordre)
> *Thou shalt not kill.*

C. Le futur proche

Comme en anglais, **aller au présent de l'indicatif + infinitif** peut exprimer un futur proche:

> Il **va pleuvoir** d'un moment à l'autre.
> Tout à l'heure, je **vais écrire** une lettre.
> Ils **vont construire** une maison.
> Ma sœur **va étudier** le chinois.

D. Le verbe "devoir"

Devoir au présent de l'indicatif + infinitif peut exprimer un futur probable mais pas nécessairement obligatoire ou certain (voir 2:d, p. 27):

> Il **doit partir** pour la France d'un jour à l'autre.
> *He is supposed to/should leave for France any day now.*
>
> Le complet que j'ai commandé **doit arriver** un de ces jours.
> *The suit I ordered is supposed to/should arrive one of these days.*

E. Récapitulation

Étudier les exemples suivants:

> Je **vais sortir**. (très proche)
> Mon fiancé **doit** me **téléphoner**. (indéterminé)
> Vous lui **direz** (ordre) que je la **rappellerai**.
> Aussitôt que je **recevrai** le faire-part, je vous **téléphonerai**.
> Quand le professeur **aura** les résultats, il vous les **enverra**.
> S'il fait beau demain, nous **ferons** une promenade.
> Je ne sais pas si Marie-France **viendra**.

4. Le futur antérieur

A. Formation

Le futur antérieur est formé par le futur simple du verbe auxiliaire approprié (**avoir** ou **être**) et le participe passé du verbe principal:

ENTRER	FINIR	ATTENDRE
je serai entré(e)	j'aurai fini	j'aurai attendu
tu seras entré(e)	tu auras fini	tu auras attendu
il/elle sera entré/e	il/elle aura fini	il/elle aura attendu
nous serons entré(e)s	nous aurons fini	nous aurons attendu
vous serez entré(e)(s)	vous aurez fini	vous aurez attendu
ils/elles seront entrés/ées	ils/elles auront fini	ils/elles auront attendu

B. Emploi

Le futur antérieur marque une action qui aura été accomplie à un moment déterminé dans l'avenir, ou avant qu'une action future ne se produise:

> Je suis sûr que demain j'**aurai trouvé** la solution.
>
> À trois heures, cette lettre **aura été écrite**.
>
> Ma sœur **aura reçu** une bonne éducation secondaire quand elle entrera à l'université.
>
> Lorsque l'Assemblée **aura voté** les crédits, on pourra construire de nouvelles écoles.

C. "Quand", "lorsque", "dès que", "aussitôt que", "après que"

Après **quand**, **lorsque**, **dès que**, **aussitôt que**, **tant que** et **après que**, le futur antérieur (ou le futur simple, selon le sens) est obligatoire si le verbe principal est au futur ou à l'impératif:

> J'enverrai le manucrit à l'éditeur quand ma secrétaire **aura fini** (**finira**) de le taper.
> *I'll send the manuscript to the editor when my secretary finishes (has finished) typing it.*
>
> Aussitôt que vous **aurez reçu** (**recevrez**) des nouvelles, prévenez-moi.
> *As soon as you receive (have received) news, let me know.*

Pour traduire

1. En anglais, les formes *I am going to* et *I shall (I will, I'll)* sont interchangeables. En français, la forme **aller + infinitif** est employée de préférence pour indiquer une action qui va suivre immédiatement. Comparer:

> Un jour, je me marierai.
> Demain, je vais me marier.
>
> Ils vont lui téléphoner tout de suite.
> Ils lui téléphoneront quand ils rentreront de voyage.

2. Dans le cas où l'anglais *will* indique une volonté, il ne se traduit pas par le futur, mais par le présent du verbe **vouloir + infinitif**:

> *Will you marry me?*
> Voulez-vous m'épouser?

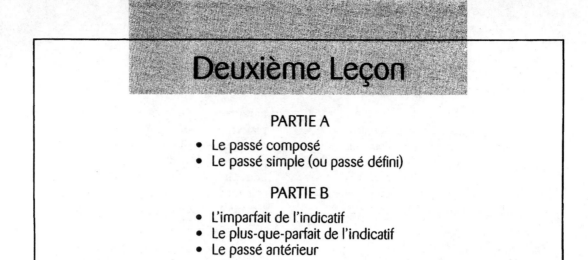

Deuxième Leçon

PARTIE A

- Le passé composé
- Le passé simple (ou passé défini)

PARTIE B

- L'imparfait de l'indicatif
- Le plus-que-parfait de l'indicatif
- Le passé antérieur

PARTIE A

5. Le passé composé

A. Formation

1. **Formation du passé composé:** Le passé composé est formé par le présent de l'indicatif du verbe auxiliaire (**avoir** ou **être**) et le participe passé du verbe principal:

PORTER	FINIR	ATTENDRE
j'ai porté	j'ai fini	j'ai attendu
tu as porté	tu as fini	tu as attendu
il/elle a porté	il/elle a fini	il/elle a attendu
nous avons porté	nous avons fini	nous avons attendu
vous avez porté	vous avez fini	vous avez attendu
ils/elles ont porté	ils/elles ont fini	ils/elles ont attendu

2. **Formation des participes passés réguliers:** Pour former le participe passé, on remplace la terminaison de l'infinitif (-**er** pour les verbes du premier groupe; exemple: porter, -ir pour ceux du deuxième groupe; exemple: finir, -re pour ceux du troisième groupe; exemple: attendre) par les terminaisons du participe passé: -**é**, -**i**, -**u** respectivement:

INFINITIF	PARTICIPE PASSÉ
Porter	Porté
Finir	Fini
Attendre	Attendu

Les participes passés irréguliers sont nombreux. Les plus communs sont:

acquérir:	acquis	moudre:	moulu
asseoir:	assis	mourir:	mort
avoir:	eu	naître:	né
battre:	battu	ouvrir:	ouvert
boire:	bu	paraître:	paru
conclure:	conclu	plaire:	plu
conduire:	conduit	pleuvoir:	plu
connaître:	connu	prendre:	pris
coudre:	cousu	pouvoir:	pu
courir:	couru	recevoir:	reçu
craindre:	craint	résoudre:	résolu
croire:	cru	rire:	ri
devoir:	dû	savoir:	su
dire:	dit	suivre:	suivi
écrire:	écrit	taire:	tu
être:	été	tenir:	tenu
faire:	fait	valoir:	valu
falloir:	fallu	vivre:	vécu
lire:	lu	voir:	vu
mettre:	mis	vouloir:	voulu

(Voir à l'appendice trois, p. 175, une liste plus complète du participe passé des verbes irréguliers.)

3. **Verbes conjugués avec l'auxiliaire être:** Certains verbes, en général intransitifs (c'est-à-dire qui ne peuvent pas avoir de complément d'objet) se conjuguent avec l'auxiliaire **être**. Le participe passé de ces verbes s'accorde en genre et en nombre avec le sujet:

ENTRER

je suis entré(e)	nous sommes entré(e)s
tu es entré(e)	vous êtes entré(e) (s)
il/elle est entré/ée	ils/elles sont entrés/ées

Les verbes intransitifs conjugués avec **être** sont:

accourir	aller	arriver
descendre*	devenir	entrer*
monter*	mourir	naître
partir	passer*	rentrer*
rester	retourner*	revenir
sortir*	tomber	venir

(Voir note 1, p. 36.)

Certains des verbes ci-dessus, indiqués par une astérisque*, se conjuguent soit avec l'auxiliaire **être** (s'ils n'ont pas de complément d'objet), soit avec l'auxiliaire **avoir** (s'ils ont un complément d'objet). Comparer:

Suzanne **est montée** au troisième étage.
Suzanne **a monté sa valise** au troisième étage.
J'**ai monté** l'escalier.

Jeanne **est descendue** du troisième étage.
Elle **a descendu sa valise** du troisième étage.
J'**ai descendu** l'escalier.

Sylvie et Pierre sont **rentrés** à la maison.
Ils **ont rentré la voiture** au garage.

Lydie **est sortie** pendant le week-end.
Elle **a sorti un stylo** de son sac.

Est-ce que le facteur **est passé** ce matin?
Hélène **est passée** devant lui sans lui dire bonjour.

Il **a passé** un bon week-end.
Il **m'a passé** ses notes.

B. Emploi

1. Le passé composé exprime une action terminée dans le passé:

Il **a plu.**
J'**ai écrit** une lettre.
Ma sœur **a étudié** l'espagnol.
Ils **sont rentrés** chez eux à minuit.

2. Le passé composé exprime une action terminée dans un espace de temps qui n'est pas encore achevé:

Aujourd'hui j'**ai écrit** une lettre. (La journée n'est pas encore achevée.)
Cette semaine, ma sœur **a étudié** les fractions.
Au XXᵉ siècle, les colonies françaises **sont devenues** indépendantes.

3. Le passé composé s'emploie pour indiquer une action qui ne se produit plus, mais qui a été habituelle pendant une période de temps bien définie (voir B:4, p. 15):

Pendant trois semaines, il n'**a mangé** que du pain sec.
Il **a plu** souvent pendant que nous étions à Paris.[1]
Entre 1941 et 1944, la France occupée **a** souvent **été bombardée.**

---

[1] Remarquer l'emploi de **pendant** avec le passé composé, et comparer avec l'emploi de **depuis** (voir C, D, p. 3–4):

J'ai suivi un régime **pendant** trois semaines, mais je n'**ai** pas **maigri.**

4. Après si conditionnel, le passé composé peut remplacer le présent si le sens l'exige (voir Pour traduire, p. 25):

> Si mon amie **n'a pas réussi** son examen en juin, elle n'ira pas en Espagne.
> Si vous **avez fini** dans une heure, je vous donnerai cinq francs.

Pour traduire

Le passé composé se traduit en anglais par le *present perfect* ou par le *past*:

> J'ai écrit une lettre.
>
> I $\left\{\begin{array}{l} \textit{wrote} \\ \textit{did write} \\ \textit{have written} \end{array}\right\}$ *a letter.*

6. Le passé simple (ou passé défini)

A. Formation

Pour former le passé simple, on remplace la terminaison de l'infinitif (**-er** pour les verbes du premier groupe; exemple : porter, **-ir** pour ceux du deuxième groupe; exemple : finir, **-re** pour ceux du troisième groupe; exemple : attendre) par les terminaisons du passé simple. Ces terminaisons sont :

> Verbes en **-er** : -ai, -as, -a, -âmes, -âtes, -èrent.

> Verbes en **-ir** (y compris **voir**) : -is, -is, -it, -îmes, -îtes, -irent.

> Verbes réguliers en **-oir**, et les verbes **courir, mourir, boire, conclure, connaître, croire, croître, être, exclure, lire, paraître, plaire, résoudre, taire, vivre** : -us, -us, ut, -ûmes, -ûtes, -urent:

PORTER	FINIR
je portai	je finis
tu portas	tu finis
il/elle porta	il/elle finit
nous portâmes	nous finîmes
vous portâtes	vous finîtes
ils/elles portèrent	ils/elles finirent

ATTENDRE	LIRE
j'attendis	je lus
tu attendis	tu lus
il/elle attendit	il/elle lut
nous attendîmes	nous lûmes
vous attendîtes	vous lûtes
ils/elles attendirent	ils/elles lurent

(Voir aux Appendices deux et trois, p. 171 et 176, une liste plus complète des verbes irréguliers conjugués au passé simple.)

B. Emploi

1. Le passé simple est un temps littéraire. Il ne s'emploie guère dans le français parlé, qui emploie de préférence le passé composé. Même dans la langue écrite, les deux premières personnes du pluriel sont de nos jours archaïques, et on les évite au profit du passé composé.

2. Le passé simple est un temps historique qui exprime des actions révolues dans le passé:

   > Les Espagnols **arrivèrent** en Amérique et la **colonisèrent.**
   > Don Quichotte **chercha** l'aventure et **revint** mourir dans son village.
   > Les premières troupes américaines **débarquèrent** en France en 1917.

3. Dans une narration, on trouve souvent le passé simple employé pour décrire l'action et l'imparfait employé pour décrire le décor (*background*) ou les personnages:

   > La nuit tombait, le ciel était couvert. Les passants rentraient chez eux. Une voiture s'**arrêta** devant la porte et deux hommes en **descendirent.** Ils portaient des imperméables et des chapeaux. Ils **entrèrent** dans la maison et y **restèrent** trois heures. Quand ils en **ressortirent,** il pleuvait et la rue était déserte.

   (Voir l'usage de l'imparfait 7:B, p. 16.)

4. Le passé simple s'emploie pour indiquer une action qui ne se produit plus, mais qui a été habituelle pendant une période de temps bien définie:

   > Pendant trois semaines, il ne **mangea** que du pain sec.
   > Entre 1941 et 1945, la France occupée **fut** souvent bombardée.

5. Le passé simple ne peut pas s'employer dans une phrase où la période de temps n'est pas complètement écoulée (voir B:2, p. 13):

   > Hier, j'**envoyai** la lettre; aujourd'hui j'**ai reçu** la réponse. (La journée n'est pas encore achevée.)

   > Le mois dernier, le metteur en scène **termina** son film; il l'**a présenté** au public cette semaine. (La semaine n'est pas encore achevée.)

6. Comparer l'emploi du passé simple et du passé composé dans les passages suivants:

STYLE DE LA CONVERSATION

Jean-Paul Sartre **est né** à Paris en 1905. Il **est entré** à l'École Normale Supérieure en 1928. Il **a enseigné** la philosophie au Havre et **a joué** un rôle important dans la Résistance.

STYLE LITTÉRAIRE

Jean-Paul Sartre **naquit** à Paris en 1905. Il **entra** à l'École Normale Supérieure en 1928. Il **enseigna** la philosophie au Havre et **joua** un rôle important dans la Résistance.

En fait, il est souvent possible d'employer alternativement le passé simple et le passé composé:

Jean-Paul Sartre naquit à Paris en 1905. Il **est entré** à l'École Normale Supérieure et **a enseigné** la philosophie. Il joua un rôle important dans la Résistance. Il **a écrit** des romans et des pièces de théâtre.

PARTIE B

7. L'imparfait de l'indicatif

A. Formation

Pour former l'imparfait de l'indicatif, on remplace la terminaison de l'infinitif (**-er** pour les verbes du premier groupe; exemple: porter, **-ir** pour ceux du deuxième groupe; exemple: finir, **-re** pour ceux du troisième groupe; exemple: attendre) par les terminaisons de l'imparfait de l'indicatif: **-ais, -ais, -ait, -ions, -iez, -aient**:

PORTER	FINIR	ATTENDRE
je portais	je finissais	j'attendais
tu portais	tu finissais	tu attendais
il/elle portait	il/elle finissait	il/elle attendait
nous portions	nous finissions	nous attendions
vous portiez	vous finissiez	vous attendiez
ils/elles portaient	ils/elles finissaient	ils/elles attendaient

B. Emploi

1. L'imparfait s'emploie pour exprimer une action habituelle dans le passé (comparer à B:2, p. 2):

Chaque fois que je l'**invitais** à danser, elle refusait.
Le courage de Bonaparte **impressionnait** ses soldats.
Les Huns **mangeaient** la viande crue.

2. L'imparfait sert à décrire les personnes, les choses ou les faits tels qu'ils étaient dans le passé:

Savez-vous qui **était** le mari de Madame Curie?
Sa fille **avait** six ans, mais elle **semblait** plus âgée.
Les chevaliers du moyen âge **portaient** des armures.
Les hommes des cavernes ne **connaissaient** pas l'agriculture.

3. L'imparfait exprime les circonstances qui accompagnent une action principale dans le passé. Il sert, par exemple, à décrire le décor (*background*) d'une scène ou ses personnages:

> Il **pleuvait** quand je suis arrivé à Paris.
> La jeune fille, qui **avait** soif, commanda une boisson.
> La nuit **tombait**. Le général **était** un homme grand et taciturne, qui **perdait** rarement la tête. Il donna l'ordre d'attaquer; les soldats sortirent des tranchées et coururent vers l'ennemi.

(Relire l'exemple donné à B:4, p. 2.)

4. L'imparfait est un temps passé, mais "imparfait", car il indique qu'une action se déroulait dans le passé, sans indiquer si elle a continué ou non plus tard. Comparer:

> Il **était** malade (quand je l'ai vu, peut-être a-t-il guéri depuis).
> Il **a été** malade (mais il ne l'est plus).
> Il y a une heure, mon frère **jouait** au tennis (peut-être y joue-t-il encore).
> Il y a une heure, mon frère **a joué** au tennis (mais il n'y joue plus).

5. L'imparfait décrit une ou plusieurs actions déjà commencées et qui continuent dans le passé sans indiquer si elles sont achevées ou non au moment où l'on parle (comparer à C:1, p. 3):

> Ma sœur **étudiait** l'anglais depuis trois ans.
> Il **pleuvait** depuis la veille.
> Il **était** en France depuis trois jours.
> Depuis la mort du roi, la reine-mère **gouvernait** seule.

6. Après **si** conditionnel (traduit en anglais par **if** et non par **whether**) on emploie l'imparfait. On emploie le conditionnel dans la proposition principale (voir B:7, p. 2).

> Je lui dirais bonjour si je le **rencontrais**.
> J'irais au cinéma si l'on **jouait** un bon film.
> Si les voitures **étaient** mieux construites, il y aurait moins d'accidents.
> Si vous **alliez** en ville, je viendrais avec vous.

(Voir Pour traduire, p. 25.)

7. Après **si**, une exclamation à l'imparfait peut exprimer un désir:

> Si j'**étais** riche!
> Si seulement je **pouvais** aller en France!
> Si jeunesse **savait**, si vieillesse **pouvait**!

Après **si**, l'imparfait exprime aussi une proposition (*suggestion*):

> "Si nous nous **promenions** dans le parc?" (*Why don't we take a walk in the park?*)
> "Si nous parlions d'autre chose?" (*Let's talk about something else.*)

Pour traduire

1. Quand on traduit en français un *simple past tense*, il est indispensable d'examiner le contexte dans lequel ce *simple past* est utilisé:

   France was a rich country in the 18th century.

   Si cette phrase est une simple description, on emploie l'imparfait:

   La France **était** un pays riche au XVIIIe siècle.

   Si l'on veut indiquer que l'action a été complétée dans le passé, en d'autres termes si la situation a pu changer plus tard, on emploie le **passé composé** ou le **passé simple**:

   La France $\begin{cases} \textbf{fut} \\ \textbf{a été} \end{cases}$ un pays riche au XVIIIe siècle.

   Autres exemples:

   I spoke Italian when I was a child (and still do).
   Je **parlais** italien quand j'étais enfant (et je le parle encore).

   I spoke Italian when I was a child (but I don't any more).
   J'ai parlé italien quand j'étais enfant (mais je ne le parle plus).

2. L'imparfait traduit toute expression anglaise qui indique une action habituelle dans le passé:

   When he was a child he $\begin{cases} \textit{kept crying.} \\ \textit{often cried.} \\ \textit{would often cry.} \\ \textit{used to cry often.} \end{cases}$

   Quand il était enfant, il **pleurait** souvent.

3. Un *past perfect progressive* anglais, qui indique une action qui avait commencé et qui continuait à se dérouler dans le passé, se traduit par l'imparfait:

   It had been raining since the day before.
   Il **pleuvait** depuis la veille.

   The strike had been going on for weeks.
   La grève **durait** depuis des semaines.

4. L'imparfait est utilisé plus souvent que le passé composé pour exprimer un état mental ou un désir, surtout avec les verbes **penser, croire, vouloir, désirer** et **savoir**:

   Je **pensais** que tu allais venir.
   Il le **croyait** sincère.
   Le petit enfant **voulait** voir sa grand-mère.

8. Le plus-que-parfait de l'indicatif

A. Formation

Le plus-que-parfait de l'indicatif est formé par l'imparfait du verbe auxiliaire (**avoir** ou **être**) et le participe passé du verbe principal:

ENTRER	FINIR	ATTENDRE
j'étais entré(e)	j'avais fini	j'avais attendu
tu étais entré(e)	tu avais fini	tu avais attendu
il/elle était entré/ée	il/elle avait fini	il/elle avait attendu
nous étions entré(e)s	nous avions fini	nous avions attendu
vous étiez entré(e)(s)	vous aviez fini	vous aviez attendu
ils/elles étaient entrés/es	ils/elles avaient fini	ils/elles avaient attendu

B. Emploi

Le plus-que-parfait décrit une action antérieure à une autre action dans le passé:

1. Lorsqu'on emploie le plus-que-parfait, on décrit des actions qui étaient déjà terminées à un moment du passé:

   La campagne était toute blanche parce qu'il **avait neigé** toute la nuit.
   Quand Victor Hugo s'est exilé, il **avait** déjà **publié** plusieurs livres.
   Pierre gagna la course puisque personne n'**était arrivé** avant lui.
   La presse a annoncé hier que les accords financiers **avaient été signés** la semaine précédente.

2. Le plus-que-parfait exprime une action habituelle qui précède chronologiquement une autre action habituelle dans le passé:

   Quand elles **avaient fini** de manger, elles allaient se promener.
   Lorsque son patron **était parti**, le valet de chambre fermait tous les volets.

3. Après **si**, une exclamation au plus-que-parfait peut exprimer le regret:

   Si j'**avais été** riche!
   Si seulement j'**avais pu** aller en France!
   Si tu **étais arrivé** à temps!

   (Comparer à B:7, p. 17.)

4. L'expression **venir de** (à l'imparfait) + **infinitif** exprime un plus-que-parfait immédiat:

   Le concert **venait de finir** quand nous sommes arrivés.
   The concert had just finished when we arrived.
   Quand le campeur se réveilla, le soleil **venait de se lever**.
   When the camper woke up, the sun had just risen.

   (Comparer à Pour traduire, p. 4.)

Pour traduire

1. Le plus-que-parfait traduit le *pluperfect* anglais:

    It had rained all morning.
    Il **avait plu** toute la matinée.

2. L'anglais parlé substitue parfois un *past* à un *pluperfect*. Cela est impossible en français:

    The police wanted to know who $\begin{Bmatrix} saw \\ had\ seen \end{Bmatrix}$ *the thief.*

    La police voulait savoir qui **avait vu** le voleur.

9. Le passé antérieur[1]

A. Formation

Le passé antérieur est formé par le passé simple du verbe auxiliaire (**avoir** ou **être**) et le participe passé du verbe principal:

> ils **furent arrivés**
> elle **eut écrit**

---

[1] Le **passé surcomposé**, formé par le **passé composé de l'auxiliaire** + le **participe passé**, comme le plus-que-parfait et le passé antérieur, exprime une action immédiatement antérieure à une autre action dans le passé. Le passé surcomposé appartient au français parlé et s'emploie donc généralement avec un passé composé, pour rester dans le style de la langue parlée.
L'étudiant rencontrera rarement ce temps, qui a tendance à tomber en désuétude. Il est plus important de savoir le reconnaître que de savoir l'utiliser.

> Quand il **a eu fini**, il est parti.
> Lorsqu'elle **a été arrivée**, la fête a commencé.
> Dès qu'ils **ont été morts**, on les a enterrés.
> À peine **a-t-il eu fini** qu'elles sont parties.

Dans les exemples qui précèdent, on peut remplacer le passé surcomposé par le passé composé, l'antériorité étant suffisamment marquée par la conjonction:

> Quand il **a fini**, il est parti.
> Lorsqu'elle **est arrivée**, la fête a commencé.
> Dès qu'ils **sont morts**, on les a enterrés.
> À peine **a-t-il fini** qu'elles sont parties.

B. Emploi

1. Le passé antérieur est un temps littéraire et s'emploie donc généralement avec un passé simple, pour rester dans le style de la langue écrite. Comme le plus-que-parfait, le passé antérieur exprime une action passée qui s'est produite avant une autre action passée. Il s'emploie surtout dans des propositions subordonnées après les conjonctions **quand, lorsque, après que, dès que** et **à peine,**[1] qui marquent l'antériorité immédiate:

> Quand il **eut fini**, il partit.
> Lorsqu'elle **fut arrivée**, la fête commença.
> Aussitôt que je me **fus senti** mieux, l'infirmière me renvoya chez moi.
> Dès qu'ils **furent morts**, on les enterra.
> À peine **eut-il fini** qu'elles partirent.

Pour traduire

Le passé antérieur se traduit en anglais par le *pluperfect*:

> Quand il **eut fini**, il partit.
> *When he had finished, he left.*

---

[1] Les adverbes **à peine, peut-être** et **sans doute** exigent toujours l'inversion du verbe et du sujet lorsqu'ils sont placés au début de la phrase:

> À peine **a-t-elle été partie** que sa sœur est arrivée.
> À peine **a-t-il ouvert** la porte qu'il s'est mis à pleuvoir.
> À peine **eut-il fini** qu'elles partirent.
> Peut-être **êtes-vous** fatigué.
> **Sans doute** sera-t-il opéré demain.

Mais: Vous **étiez** à peine **parti** que le téléphone a sonné.
      Vous **êtes** sans doute fatigué.
      Je **sera** peut-être **opéré** demain.

Troisième Leçon

PARTIE A

- Le présent du conditionnel
- Le passé du conditionnel
  (ou conditionnel antérieur)

PARTIE B

- Les verbes "devoir", "pouvoir",
  "savoir", "connaître" et "faire"

PARTIE A

10. Le présent du conditionnel

A. Formation

Pour former le présent du conditionnel on ajoute les terminaisons du présent du conditionnel à l'infinitif du verbe. (Pour les verbes dont l'infinitif se termine en **-re**, on élimine l'e avant d'ajouter les terminaisons du présent du conditionnel). Les terminaison du présent du conditionnel sont: **-ais, -ais, -ait, -ions, -iez, -aient**:

PORTER	FINIR	ATTENDRE
je porterais	je finirais	j'attendrais
tu porterais	tu finirais	tu attendrais
il/elle porterait	il/elle finirait	il/elle attendrait
nous porterions	nous finirions	nous attendrions
vous porteriez	vous finiriez	vous attendriez
ils/elles porteraient	ils/elles finiraient	ils/elles attendraient

B. Emploi

1. Dans une phrase hypothétique avec **si**, le présent du conditionnel peut exprimer une action éventuelle dont l'accomplissement dépend d'une condition qui n'est pas réalisée au moment où l'on parle. Si cette condition se réalise, l'action aura lieu. La condition est généralement introduite par **si** et son verbe est à l'imparfait:

   J'**écrirais** une lettre si j'avais un stylo.
   Si ma secrétaire était de retour elle m'**aiderait**.
   Vous **verriez** *Phèdre* si vous alliez au théâtre demain.
   Je me demande s'il **aimerait** ce tableau (s'il le voyait).

Mais: Si ma secrétaire est de retour demain, elle m'**aidera**.
Vous **verrez** *Phèdre* si vous allez au théâtre demain.

(Voir Pour traduire. p. 25.)

2. Le présent du conditionnel remplace souvent le présent de l'indicatif pour atténuer l'expression, pour la rendre plus polie, en particulier avec les verbes **vouloir, pouvoir** et **devoir**:

> Je **voudrais** (au lieu de je **veux**) vous parler.
> **Pourrait-elle** (au lieu de **peut-elle**) revenir ce soir?
> Vous **devriez** (au lieu de vous **devez**) faire attention.

Remarquer en particulier le premier exemple. Pour exprimer un désir, on emploie de préférence le conditionnel, le présent de l'indicatif étant très énergique:

> Nous **voulons** être libres!

Mais: Je **voudrais** un litre de vin, s'il vous plaît.
Je **voudrais** voir le Directeur, Mademoiselle.

3. Le futur dans le passé: Le présent du conditionnel peut avoir la valeur d'un futur dans le passé. C'est-à-dire que, lorsqu'une proposition principale est à un temps passé, le présent du conditionnel de la proposition subordonnée indique un futur par rapport à ce passé:

> Il a dit (à midi) qu'il **viendrait** (à deux heures).
> Je pensais que vous n'**accepteriez** pas.
> Avait-il prédit que les socialistes **obtiendraient** la majorité?

4. Le présent du conditionnel peut s'employer pour donner une information dont celui qui parle ne peut pas garantir l'exactitude:

> D'après les statistiques, la situation économique **serait** moins grave qu'on ne le pense.
> Selon la presse, les vedettes du cinéma **gagneraient** moins d'argent que les présentateurs de la télévision.
> **Aurais-tu** encore faim? Tu viens pourtant de manger.

Si l'information semble exacte, on emploie bien entendu le présent de l'indicatif:

> La situation économique **est** moins grave qu'on ne le pense.
> **As-tu** encore faim? Tu viens pourtant de manger.

5. **Au cas où**: La locution **au cas où** doit être suivie d'un conditionnel:

> **Au cas où** vous ne **viendriez** pas, nous irions sans vous.
> Je serai chez moi ce soir, **au cas où** vous **décideriez** de venir.

11. Le passé du conditionnel (ou conditionnel antérieur)

A. Formation

Le conditionnel antérieur est formé par le présent du conditionnel du verbe auxiliaire (**avoir** ou **être**) et le participe passé du verbe principal:

ENTRER	FINIR	ATTENDRE
je serais entré(e)	j'aurais fini	j'aurais attendu
tu serais entré(e)	tu aurais fini	tu aurais attendu
il/elle serait entré/ée	il/elle aurait fini	il/elle aurait attendu
nous serions entré(e)s	nous aurions fini	nous aurions attendu
vous seriez entré(e)(s)	vous auriez fini	vous auriez attendu
ils/elles seraient entrés/ées	ils/elles auraient fini	ils/elles auraient attendu

B. Emploi

1. Le passé du conditionnel peut exprimer une action qui ne s'est pas accomplie dans le passé parce qu'elle dépendait d'une condition qui ne s'est pas réalisée. La condition est généralement introduite par **si** et son verbe est au plus-que-parfait:

   > **J'aurais écrit** une lettre si j'avais eu un stylo mais comme je n'en avais pas, je ne l'ai pas fait.
   > Si ma secrétaire avait été de retour, elle m'**aurait aidé**.

2. Le passé du conditionnel des verbes qui expriment le désir est encore plus poli que le présent du conditionnel:

   > **J'aurais voulu** vous parler.
   > (plus poli que) Je **voudrais** vous parler.
   > (plus poli que) Je **veux** vous parler.

3. Le futur antérieur dans le passé: Le passé du conditionnel peut avoir la valeur d'un futur antérieur dans le passé; c'est-à-dire que, lorsqu'une proposition principale est à un temps passé, le passé du conditionnel de la proposition subordonnée implique un futur antérieur par rapport à ce passé:

   > Elle a dit, à midi, qu'elle **aurait fini** à quatorze heures; il est seize heures et elle travaille encore.

   > L'avocat pensait (avant le procès) que son client **serait acquitté** (à la fin du procès), mais il a été condamné la semaine dernière.

4. Le passé du conditionnel peut s'employer pour donner, sur une action ou une situation passée, une information dont celui qui parle ne peut pas garantir l'exactitude:

   > D'après certains experts, la situation économique de la France en 1936 **aurait été** moins grave qu'on ne le pense généralement.

   > **Aurais-tu eu** une enfance malheureuse? Connaissant tes parents, j'en doute.

   > Selon les historiens, Louis XIV **aurait** longtemps **hésité** avant de déclarer la guerre à la Hollande.
   > (Comparer à B:4, p. 23.)

Pour traduire

1. Une phrase conditionnelle se compose généralement de deux parties: une proposition conditionnelle introduite par **si** (*if clause*) et une proposition indiquant la conséquence. Le tableau ci-dessous donne les concordances de temps les plus fréquentes. Remarquer que le conditionnel peut uniquement être utilisé dans une proposition de conséquence:

PROPOSITION CONDITIONNELLE	PROPOSITION DE CONSÉQUENCE
a. Présent, passé composé de l'indicatif	Futur, impératif, présent
b. Imparfait de l'indicatif	Conditionnel présent
c. Plus-que-parfait de l'indicatif	Conditionnel présent, conditionnel passé

EXEMPLES:

a. S'il **est** prêt, nous { **allons partir.** / **partirons.**

If he is ready we will leave.

Si tu **as fini** dans une heure, je te **donnerai** cinq cents francs.
If you are finished in an hour I will give you five hundred francs.

Si vous n'**avez** pas fini, **dépêchez-vous.**
If you are not finished, hurry up!

b. S'il **était** prêt, nous **partirions.**
If he were ready, we would leave.

c. S'il **avait été** prêt, nous **serions partis.**
If he had been ready, we would have left.

Encore une fois, le français, contrairement à l'anglais, ne permet jamais de propositions conditionnelles au futur ou au conditionnel. Mais lorsque la proposition n'est plus conditionnelle, c'est-à-dire lorsque **si** a le sens de *whether*, il est suivi par le temps que le sens exige:

Je ne sais pas **si** elle { **est** déjà prête. / **sera** bientôt prête. / **était** prête il y a une heure. / etc.

2. Dans le cas où l'auxiliaire anglais *should* équivaut à *ought to*, il se traduit par le conditionnel du verbe **devoir**:

> He { *should*
> { *ought to work.*   Il **devrait** travailler.

> He { *should have*
> { *ought to have worked.*   Il **aurait dû** travailler.

(Voir 2:e, f, p. 27.)

3. Dans le cas où l'auxiliaire anglais *would* indique une volonté, il se traduit par l'imparfait ou le conditionnel du verbe **vouloir**:

> *He came, but I would not see him.*
> Il est venu, mais je ne **voulais** pas le voir.

> *Would you do me a favor?*
> **Voudriez**-vous me rendre un service?

4. Dans le cas où l'auxiliaire anglais *would* indique une action habituelle dans le passé, il se traduit par l'imparfait (voir B:1, p. 16):

> *He would sometimes refuse to answer.*
> Il **refusait** parfois de répondre.

> *In the days of slavery, a man would often be treated like an animal.*
> Au temps de l'esclavage, un homme **était** souvent **traité** comme un animal.

PARTIE B

12. Les verbes "devoir", "pouvoir", "savoir", "connaître" et "faire"

A. Le verbe "devoir"

1. Comme verbe principal, le verbe **devoir** se traduit en anglais par *to owe* et peut se conjuguer à tous les temps.

> Je **dois** cent francs à Pierre.
> *I owe Pierre one hundred francs.*

> Vous lui **devez** la vie.
> *You owe him your life.*

2. Comme verbe semi-auxiliaire suivi d'un infinitif, le verbe **devoir** indique:

    a. La **nécessité** ou l'**obligation**. Dans ce cas, **devoir** s'emploie au présent, au passé composé ou à l'imparfait et se traduit par *must* ou *to have to*:

        Il **doit travailler** pour réussir.
        He must (has to, is obliged to) work to succeed.

        Elle **a dû travailler** pour réussir.
        She has had to work to succeed.

        Elle **devait travailler** dur pour gagner sa vie.
        She had to work hard to earn a living.

    b. L'**intention**. Dans ce cas, **devoir** s'emploie au présent ou à l'imparfait et se traduit par *supposed to*:

        Je **dois partir** demain.
        I am supposed to leave tomorrow.

        Elle **devait partir** pour l'Europe.
        She was supposed to leave for Europe.

    c. La **probabilité** ou la **supposition**. Dans ce cas, **devoir** s'emploie au présent, au passé composé ou à l'imparfait. Il se traduit par *must* ou *probably*:

        Pierre **doit être** malade.
        Pierre must be (is probably) sick.

        Il **a dû** trop **manger**.
        He must have eaten (probably ate) too much.

        Le dîner **devait être** bon.
        Dinner was probably good.

    d. Un **futur indéterminé**. Dans ce cas, **devoir** s'emploie surtout au présent, au futur et à l'imparfait:

        Il **doit** (**devra**) **partir** bientôt.
        He is to leave soon.

        Nous **devions partir** une semaine plus tard.
        We were to leave a week later.

    e. Un **conseil**. Dans ce cas, **devoir** s'emploie au présent du conditionnel et se traduit par *should* ou *ought to* (voir B:2, p. 23):

        Vous **devriez travailler**.
        You should (ought to) work.

        Tu **devrais étudier** davantage pour améliorer ton français.
        You should (ought to) study more in order to improve your French.

    f. Un **reproche**. Dans ce cas, **devoir** s'emploie surtout au passé du conditionnel et se traduit par *should have* ou *ought to have*:

        Vous **auriez dû travailler**.
        You should have (ought to have) worked.

    g. On remarquera que le verbe semi-auxiliaire **devoir** peut se traduire en anglais de plusieurs façons différentes. Seul le contexte permet de savoir quelle nuance exprime ce verbe dans la phrase française. Une fois déterminée la nuance, il sera facile de choisir une expression anglaise qui la traduise.

B. Le verbe "pouvoir"

Le verbe semi-auxiliaire **pouvoir** suivi d'un infinitif indique la possibilité, la faculté, la puissance de faire quelque chose. Il se traduit donc selon le cas par les verbes *can-could* et *may-might* ou par une expression correspondante telle que *to be able to*:

> Je **peux** sortir avec vous.
> *I may (can, am able to) go out with you.*

> Seul un médecin **peut** vous guérir.
> *Only a doctor can cure you.*

> Un dictateur **peut** faire ce qu'il veut.
> *A dictator can do what he wants.*

> **Puis**-je entrer?
> *May I come in?*

> **Pourrons**-nous le faire?
> *Will we be able to do it?*

Il ne faut pas confondre **pouvoir** et **avoir le droit de**; cette dernière forme est plus catégorique :

> —**Puis**-je conduire en France sans permis?
> —Non, on n'**en a** pas **le droit.**

C. Les verbes "connaître" et "savoir"

1. Il ne faut pas confondre **connaître** et **savoir**.

   On dit que l'on **connaît** une personne, un endroit:

   > Je **connais** Pierre (son frère, cet homme, le docteur Dupont, etc.).
   > Je **connais** Paris (la France, ce château, cette rue, votre maison, etc.).

   On dit que l'on **sait** faire quelque chose:

   > Je **sais** lire (conduire une auto, jouer au football, danser, etc.).

   On dit que l'on **sait** un fait :

   > Je **sais** que vous êtes honnête (quelle est la population de la France, combien font sept fois huit, ce que je veux, etc.).

   Savoir implique une connaissance intégrale. **Connaître** implique une connaissance partielle. On peut dire d'un dilettante : "Il **connaît** tout, mais ne **sait** rien". Généralement, une personne dira qu'elle **sait** sa langue maternelle et qu'elle **connaît** une langue étrangère. On dit : "Je **connais** ce poème", mais "Je **sais** ce poème par cœur".

   Dans bien des cas, les deux verbes sont possibles, le verbe **savoir** étant toujours plus catégorique que le verbe **connaître** :

   > Je **sais** (**connais**) la réponse.
   > Il **sait** (**connaît**) la meilleure façon de réussir.
   > Nous **savons** (**connaissons**) un chemin plus court.

2. Il ne faut pas confondre **savoir** et **pouvoir**. **Savoir** implique la connaissance intellectuelle d'une technique, **pouvoir**, la capacité d'agir. Ainsi:

   > Il ne **peut** pas traverser le lac parce qu'il ne **sait** pas nager.
   > Il ne **sait** pas nager parce qu'il n'a jamais appris.
   > Il ne **peut** pas nager cet été parce qu'il s'est cassé le bras (parce que ses parents le lui défendent, parce que le courant est trop fort, etc.).

D. Le verbe "faire" causatif

1. Quand le verbe **faire** introduit un infinitif, cela implique que le sujet n'agit pas par lui-même mais plutôt qu'il provoque l'action. L'action proprement dite est donc exécutée par quelqu'un d'autre, qui peut d'ailleurs ne pas être mentionné:

   > Je **fais** réparer ma voiture. (Ce n'est pas moi qui répare ; je me borne à provoquer l'action de réparer, qui sera exécutée par quelqu'un d'autre, un mécanicien, par exemple.)

   > Avez-vous **fait** chanter les enfants?
   > *Did you have (make) the children sing?*

   > Il est facile de **faire** faire ce travail.
   > *It is easy to have this work done.*

   > **Faites**-lui raconter son voyage.
   > Son intelligence l'a **fait** réussir.

2. Si l'infinitif n'a pas de complément d'objet, la personne ou la chose qui exécute l'action est un **objet direct**. Si c'est un nom, il suit l'infinitif. Si c'est un pronom, il précède **faire**:

   > Son intelligence a fait réussir **Pierre**.
   > Son intelligence l'a fait réussir.

3. Si l'infinitif a un complément d'objet, ce complément d'objet sera direct. La personne ou la chose qui exécute l'action est alors un complément d'objet indirect. Tous les pronoms compléments d'objet précèdent **faire** (à l'exception, bien entendu, du mode impératif, dans lequel les pronoms suivent toujours le verbe):

   > Le professeur fera voir **à Pierre** ses fautes.
   > Le professeur **les** fera voir **à Pierre**.
   > Le professeur **les lui** fera voir.

   Mais: Faites voir **à Pierre** ses fautes.
   > Faites-**les** voir **à Pierre**.
   > Faites-**les-lui** voir.

4. Pour éviter une ambigüité possible, la personne ou la chose qui exécute l'action peut être introduite par **par** au lieu de **à**:

   > Il **fait** chanter une chanson **à** Pierre.
   > *He has Pierre sing a song.*
   ou: *He has a song sung to Pierre.*

   > Il **fait** chanter une chanson **par** Pierre.
   > *He has Pierre sing a song.*

   > J'ai **fait** envoyer la lettre **à** ma secrétaire.
   > *I had the letter sent to my secretary.*

   > J'ai **fait** envoyer la lettre **par** ma secrétaire.
   > *I had the letter sent by my secretary.*
   ou: *I had my secretary send the letter.*

5. On peut employer le pronom réfléchi avec le verbe **faire** causatif:

>Je **me** suis fait faire un costume.
>*I had a suit made for myself.*

>**Vous êtes-vous** fait faire la barbe?
>*Did you have yourself shaved?*

>Le voleur s'est fait arrêter parce qu'il a brûlé un feu rouge.
>*The thief got himself arrested because he went through a red light.*

6. Le participe passé du verbe **faire** est invariable quand ce verbe est causatif (voir 2:c, p. 37):

>Elle s'est **fait** respecter.

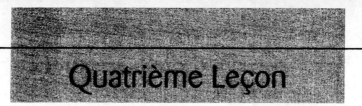

Quatrième Leçon

PARTIE A

- Les verbes pronominaux et réciproques
- Le participe passé

PARTIE B

- Le passif et comment l'éviter
- Le participe présent

PARTIE A

13. Les verbes pronominaux et réciproques

A. Formation

1. Presque tous les verbes transitifs, c'est-à-dire qui peuvent avoir un complément d'objet, peuvent devenir pronominaux par l'usage du pronom réfléchi. Les pronoms réfléchis sont:

me	nous
te	vous
se	se

Je regarde Marie.	Je me regarde.
Tu achèteras un livre.	Tu t'achèteras un livre.
La mère lave le bébé.	La mère se lave.
Nous téléphonons à nos amis.	Nous nous téléphonons.
Vous reconnaîtrez facilement mes amis les Turlay.	Vous vous reconnaîtrez facilement.
Ils écrivaient des lettres.	Ils s'écrivaient des lettres d'amour.

2. Aux temps composés un verbe pronominal se conjugue toujours avec l'auxiliaire **être**. Il n'y a pas d'exceptions à cette règle:

J'ai regardé l'eau.	Je me suis regardé dans l'eau.
Il a acheté un livre.	Il s'est acheté un livre.
Nous avons demandé qui frappait.	Nous nous sommes demandé qui frappait.

B. Emploi

Il y a deux catégories de verbes pronominaux: les verbes pronominaux à **sens réfléchi**, et les verbes pronominaux à sens réciproque.

1. **Les verbes pronominaux à sens réfléchi:** Le sujet d'un verbe pronominal agit, directement ou indirectement, sur lui-même. Ainsi, tout verbe ayant pour complément d'objet direct ou indirect un pronom réfléchi est un verbe pronominal:

> Nous **nous sommes lavés.** (nous, objet direct)
> *We washed ourselves.*
> Elle s'**est acheté** un livre. (se, objet indirect; **un livre**, objet direct)
> *She bought herself a book.*

Comme on le voit, la plupart des verbes pronominaux se traduisent en anglais au moyen des *reflexive pronouns* (*myself, ourselves, himself,* etc.).

2. **Les verbes pronominaux à sens réciproque:** Un verbe pronominal à sens réciproque indique que deux ou plusieurs sujets agissent l'un sur l'autre et non pas sur eux-mêmes:

> Mon frère et sa fiancée **s'écrivent** souvent. (Mon frère écrit à sa fiancée et sa fiancée écrit à mon frère.)
> *My brother and his fiancée write to each other (one another) often.*

> Les Français et les Italiens **se respectent.**
> *The French and the Italians respect each other (one another).*

> Les représentants du syndicat et ceux de la direction **se sont rencontrés** pour essayer d'éviter la grève.
> *Representatives from the union and from management met with each other to try to avoid the strike.*

Comme on le voit, les verbes pronominaux à sens réciproque se traduisent en anglais par les locutions *each other* et *one another*.

L'idée de réciprocité est souvent renforcée par les locutions **l'un l'autre, les uns les autres** ou par l'adverbe **mutuellement:**

> Les Français et les Italiens se respectent **les uns les autres (mutuellement).**
> Aidons-nous **les uns les autres (mutuellement).**

Quand le verbe exige un complément d'objet indirect, ces locutions exigent la préposition qui convient: **l'un à l'autre, les uns aux autres, l'un avec l'autre, les uns avec les autres,** etc.:

> Mon frère et sa fiancée s'écrivent souvent **l'un à l'autre.**
> Pierre et Marie se promènent souvent **l'un avec l'autre.**

Ces locutions permettent d'éviter des ambiguïtés possibles, sans remplacer le verbe pronominal. Ainsi dans la phrase "Ils se sont regardés", le verbe peut être pronominal (*they looked at themselves*) ou réciproque (*they looked at each other, at one another*). Pour qu'il prenne un sens clairement réciproque, on peut ajouter **les uns les autres** ou **mutuellement.** Pour qu'il prenne un sens clairement pronominal, on peut ajouter **chacun:**

> Elles se sont **chacune** regardée dans une autre glace.
> Ils se sont **chacun** convaincu que cette situation ne pouvait pas durer.

C. Remarque

Certains verbes changent de sens en devenant pronominaux:

amuser	*to amuse*	s'amuser	*to have a good time*
appeler	*to call*	s'appeler	*to be named*
attendre	*to wait for*	s'attendre (à)	*to expect*
demander	*to ask (for)*	se demander	*to wonder*
douter (de)	*to doubt*	se douter (de)	*to suspect*
élever	*to raise*	s'élever	*to rise*
jeter	*to throw*	se jeter	*to empty (of a river)*
lever	*to raise up*	se lever	*to get up (arise)*
mettre	*to put*	se mettre (à)	*to begin*
passer	*to pass*	se passer (de)	*to do without*
plaindre	*to pity*	se plaindre	*to complain*
porter	*to carry, wear*	se porter	*to be (of health)*
rappeler	*to call back*	se rappeler	*to remember*
retourner	*to return, turn around* (trans.)	se retourner	*to turn around*
tromper	*to deceive*	se tromper	*to be mistaken*
trouver	*to find*	se trouver	*to be situated*

D. Accord du participe passé des verbes pronominaux

1. Aux temps composés, le participe passé d'un verbe pronominal s'accorde avec le complément d'objet direct, s'il précède le verbe; sinon, il reste invariable.

   a. Le participe passé s'accorde avec le pronom réfléchi quand celui-ci est objet direct.

   Ils **se** sont baignés. (réfléchi) (ils ont baigné qui?)
   Ils **se** sont vus hier soir. (réciproque) (ils ont vu qui?)

   b. Si le pronom réfléchi est objet indirect, il n'y a pas d'accord:

   Ils **se** sont parlé. (réciproque: parler *à* [ils ont parlé à qui?])
   Elle s'est dit qu'elle partirait. (réfléchi: dire *à* [elle a dit à qui?])

   c. Si l'objet direct est placé après le verbe, il n'y a pas d'accord:

   Ils **se** sont acheté des voitures de luxe.
   Elle s'est rappelé **son enfance.**

Mais: Les voitures qu'ils **se** sont achetées.

Comparer:

   Elle s'est lavée. (**se**, complément d'objet direct, précède le verbe, donc accord.)
   Elle s'est lavé **la tête.** (**tête**, complément d'objet direct, suit le verbe; le participe reste donc invariable. **Se** est le complément d'objet indirect.)

   Elle s'est **coupée** avec le couteau à pain.
   Elles se sont **coupé** les cheveux.

   Les blessures qu'ils se sont **faites** n'étaient pas graves.
   Je me suis **fait** une blessure.

d. Lorsque le pronom réfléchi n'est ni objet direct ni objet indirect, le participe passé s'accorde avec le sujet. La plupart de ces verbes sont des expressions idiomatiques:

Ils se sont échappés.
Elles se sont souvenues de leur passé.

Liste partielle de ces verbes pronominaux; ils s'accordent avec le sujet:

s'en aller	*to go away*
s'apercevoir	*to notice*
se conduire	*to behave oneself*
se dépêcher	*to hurry*
s'échapper de	*to escape*
s'ennuyer	*to be bored*
s'entendre	*to get along*
se fâcher	*to get mad*
s'habituer à	*to get used to*
se moquer de	*to make fun of*
se servir de	*to use*
se souvenir de	*to remember*
se taire	*to be quiet*

Pour traduire

1. Quand le sujet agit sur une partie de son propre corps, le français utilise le verbe pronominal et l'article défini:

Jacqueline **s'est teint les cheveux.**
Les enfants devraient **se laver les mains** avant de manger.

L'anglais utilise le *possessive adjective*:

*Jacqueline dyed **her** hair.*
*Children should wash **their** hands before eating.*

Cependant, si le nom exprimant la partie du corps est modifié, on emploie l'adjectif possessif:

Elle s'est teint **ses** cheveux gris.
She dyed her gray hair.

(Voir 29-B-6, p. 83.)

2. **Se rendre compte de + nom** et **se rendre compte que + proposition** se traduisent en anglais par *to realize*. Le participe passé reste invariable, "**compte**" étant considéré le complément d'objet direct du verbe.[1]

> Jacqueline **s'est rendu compte** trop tard **que** son mari s'était trompé en lui donnant des indications.
> *Jacqueline **realized** too late that her husband had made a mistake in giving her the directions.*

> Pauline **s'est rendu** compte **de** son erreur.
> *Pauline **realized** her mistake.*

> Ils m'avaient rendu un grand service, et je ne **m'en étais** pas **rendu compte**.
> *They had done me a big favor, and I **hadn't realized** it.*

14. Le participe passé

A. Formation

Pour la formation du participe passé, voir p. 11-12.

B. Emploi

1. Le participe passé est souvent employé comme un adjectif qui s'accorde en genre et en nombre avec le nom auquel il se rapporte. Dans ce cas, le participe passé suit le nom:

> un général **vaincu**
> une ville **entourée**
> des villages **détruits**
> des petites filles **gâtées**

2. Le participe passé employé comme adjectif peut avoir un sens passif et donc un complément d'agent (voir B:2, p. 38):

> un général **vaincu** par l'ennemi
> une ville **entourée** de fortifications
> des villages **détruits** par les bombes
> des petites filles **gâtées** par leurs parents

3. Le participe passé a formé un grand nombre de noms:

> un **associé**, un **reçu**, un **permis**, une **étendue**, une **conduite**, etc.

---

[1] Le verbe **réaliser** peut vouloir dire "se rendre compte", mais également "*to achieve*," "*to carry out*," "*to effect*", "*to complete*", "*to accomplish*", "*to fulfill*":

Comparer:

Elle **a réalisé** (**s'est rendu compte**) trop tard **que** c'était un film d'horreur.
She realized too late that it was a horror movie.

Ce fameux metteur en scène vient de **réaliser** un nouveau film d'horreur.
This famous director recently completed a new horror movie.

M. Desrosiers **a réalisé** son plus grand rêve le jour où il a obtenu son diplôme en médecine.
Mr. Desrosiers realized his greatest dream the day he received his medical degree.

Pour **réaliser** votre projet, il vous faut un assistant.
To carry out your project, you need an assistant.

4. Quand une proposition principale est postérieure dans le temps à une proposition subordonnée, le verbe auxiliaire est fréquemment omis:

> Le repas **fini**, les invités sont partis. (D'abord le repas a été terminé, ensuite les invités sont partis.)
> La paix **signée**, les restrictions cessèrent.

C. L'accord du participe passé (récapitulation)

1. Le participe passé conjugué avec **être:**[1]

    a. S'accorde avec le **sujet:**

> Ma sœur est **venue**.
> Les maisons furent **construites**.

    b. Mais si le verbe est pronominal, le participe passé s'accorde avec le complément d'objet direct, s'il précède le verbe; autrement, il reste invariable (voir C:1:a-c, p. 33).

2. Le participe passé conjugué avec **avoir:**

    a. S'accorde avec le complément **d'objet direct** si celui-ci précède le verbe:

> La lettre que j'ai **écrite**, je l'ai **mise** à la poste.
> La maison qu'ils ont **construite** est à nous.

    b. Autrement, il reste invariable:

> J'ai **écrit** tout de suite à ma sœur. (Pas de complément d'objet direct.)
> J'ai **écrit** une lettre à ma sœur. (Le complément d'objet direct, **une lettre**, suit le verbe.)

---

[1] Les verbes qui se conjuguent avec l'auxiliaire **être** sont:

a. Les verbes au passif.

b. Les verbes intransitifs suivants:

accourir	*to come running*	partir	*to leave*
aller	*to go*	rentrer	*to go (come) back*
arriver	*to arrive*	rester	*to stay*
descendre	*to go down*	retourner	*to go back*
devenir	*to become*	revenir	*to come back*
entrer	*to enter*	sortir	*to go out*
monter	*to go up*	tomber	*to fall*
mourir	*to die*	venir	*to come*
naître	*to be born*		

On peut remarquer que la plupart de ces verbes indiquent la direction d'un mouvement, sans le décrire.

c. Les verbes pronominaux.

    c. Le participe passé conjugué avec **avoir** et suivi d'un infinitif complément d'objet reste invariable:[1]

> La voiture que j'ai **fait** réparer est au garage. (**Réparer** est le complément d'objet de **faire**, qui reste invariable.)
> Les pommes qu'elle a **voulu** manger étaient vertes.
> Les poésies que nous avons **dû** apprendre étaient de Hugo.
> Les sources d'énergie que la France a **pu** exploiter jusqu'ici sont insuffisantes.

3. Le participe passé ne s'accorde ni avec **en** ni avec **dont**. L'accord avec **combien** est facultatif:

> Combien d'aspirines avez-vous **pris** (ou **prises**)? J'en ai **pris** deux.
> Les liqueurs dont nous avons **bu** étaient excellentes.

4. Le participe passé d'un verbe impersonnel reste invariable:

> La chaleur qu'il a **fait** hier a battu tous les records.
> Vous n'imaginez pas la patience qu'il m'a **fallu** pour résoudre ce problème.
> Toute l'eau qu'il a **plu** n'a pas suffi à faire pousser l'herbe.

5. Les participes passés **excepté, vu, y compris** et **passé**, employés comme prépositions, restent invariables:

> Tous les pays ont signé le traité, **excepté** la Norvège. (... *Norway excepted*)
> Le premier ministre a interrompu ses vacances, **vu** la crise politique.
>   (... *owing to* ...)
> Tous les médicaments, l'aspirine **y compris**, sont dangereux.
>   (... *aspirin included* ...)
> **Passé** six heures, le magasin est fermé. (*After six o'clock* ...)

---

[1] Il est dans tous les cas permis de laisser invariable un participe passé suivi d'un infinitif. Mais le français fait souvent une distinction selon que l'infinitif a ou n'a pas de sujet. Par exemple, les verbes **voir, entendre, laisser,** etc., peuvent être suivis d'un infinitif qui, lui aussi, a un sujet:

> La dame que j'ai **vue** danser est belle. (Qui danse? **La dame**, donc **dame** est sujet de l'infinitif **danser**.)

Si ce sujet précède le participe passé, celui-ci s'accorde avec lui. La difficulté est de distinguer si l'infinitif a un sujet ou s'il a un complément d'objet direct. Étudier attentivement les exemples ci-dessous:

> La dame que j'ai **vue** danser est belle. (**La dame**, sujet de **danser**, précède le participe passé qui, donc, s'accorde.)

> Les ballets que j'ai **vu** danser étaient beaux. (Qui danse? Ce n'est pas dit, donc **danser** n'a pas de sujet. Danser quoi? Les ballets. **Ballets** est donc complément d'objet direct de **danser**. Le participe passé reste invariable.)

> Les chanteuses que nous avons **entendues** chanter étaient Françaises.
> Les chansons que nous avons **entendu** chanter étaient Françaises.

Remarquer que, pour qu'il y ait accord, le sujet de l'infinitif doit précéder le participe passé:

> Les ballets que j'ai **vu** les paysannes danser étaient beaux. (**Paysannes** est bien le sujet de **danser**, mais, comme ce sujet suit le participe passé, celui-ci reste invariable.)

Pour traduire

Dans une proposition dont l'auxiliaire est omis, cet auxiliaire sous-entendu peut se traduire par *having been + past participle* ou par *having + past participle*, selon le cas:

Le repas **fini**, les invités partirent.
The dinner having been finished, the guests left.

Le traité de paix **signé**, les soldats sont rentrés chez eux.
The peace treaty having been signed, the soldiers returned home.

Une fois **arrivée**, elle attendit.
Once having arrived, she waited.

Son tour **venu**, il prit la parole.
His turn having come, he took the floor.

PARTIE B

15. Le passif et comment l'éviter

A. Formation

Le passif se forme avec le verbe **être** plus le participe passé, qui s'accorde avec le sujet:

La jeune fille **est punie** par son père.
La discrimination raciale **est interdite** par la loi.

Quand l'auxiliaire **être** du passif est lui-même composé, c'est toujours le participe passé du passif (et non de l'auxiliaire **être**) qui s'accorde avec le sujet:

La jeune fille **a été punie** par son père.
Les roses **auront été coupées** par le jardinier.
Les dames **avaient été accompagnées** par leurs frères.

B. Emploi

1. Un verbe est au passif quand son sujet n'agit pas, mais subit l'action. Dans ce cas, l'action est faite par le complément d'agent:

   Le garçon (sujet) **est puni** par son père (complément d'agent).
   Le malade **a été guéri** par les antibiotiques.

2. Le complément d'agent est généralement introduit par la préposition **par**. Quand il ne s'agit pas d'une action mais d'une situation statique, le complément d'agent est introduit par la préposition **de**. Ainsi on dira de préférence:

   La ville est entourée **par** l'ennemi. (Puisqu'il y a action.)
   La ville est entourée **de** montagnes. (Puisque c'est une situation statique.)
   Cette maison a été construite **par** mes ancêtres. (action)
   Ce garçon est estimé **de** (**par**) ses amis. (situation statique ou action)
   La terre est couverte **de** neige. (situation statique)

C. Comment éviter le passif

Le français, surtout de nos jours, peut éviter le passif, soit pour des raisons stylistiques, soit pour éviter une ambiguïté. Ainsi par exemple, la phrase

> Ces livres **sont vendus** aux étudiants

est ambiguë; elle peut vouloir dire que l'action de vendre est terminée, que ces livres ne sont plus en vente parce qu'ils ont déjà été tous achetés par les étudiants; elle peut aussi vouloir dire que ces livres sont destinés aux étudiants plutôt qu'à d'autres acheteurs.

Bien entendu, si le complément d'agent est exprimé, l'ambiguïté disparaît:

> Ces livres sont vendus aux étudiants **par le libraire**

est, sans aucun doute, une forme passive.

1. Lorsque le complément d'agent est exprimé, la seule façon d'éviter le passif, si on le désire, est de transformer la phrase passive en une phrase active. Le complément d'agent devient alors le sujet:

> Les roses **auront été coupées** par le jardinier
> devient: Le jardinier **aura coupé** les roses.

> Ces livres **sont vendus** aux étudiants par le libraire
> devient: Le libraire **vend** ces livres aux étudiants.

2. Lorsque le complément d'agent n'est pas exprimé, deux cas se présentent:

   a. Le sujet n'est pas une personne. Dans ce cas, on peut remplacer le passif par **on + verbe actif**, ou par un **verbe pronominal**. Ainsi, l'on peut dire:

   > Le français **est parlé** ici.
   > ou: **On parle** français ici.
   > ou: Le français **se parle** ici.

   > Le gaz **est utilisé** pour faire la cuisine.
   > ou: **On utilise** le gaz pour faire la cuisine.
   > ou: Le gaz **s'utilise** pour faire la cuisine.

   b. Le sujet est une personne. Dans ce cas, on peut remplacer le passif par **on + verbe actif** (mais non pas par un verbe pronominal):

   > J'ai été **battu**, ou: On m'a **battu**.
   > Les prisonniers **seront libérés**, ou: On **libérera** les prisonniers.

   c. Du point de vue stylistique, ces deux possibilités ne sont pas toujours interchangeables. On a tendance à employer le verbe pronominal lorsqu'il s'agit d'une action normale, habituelle, tandis que la forme **on + verbe actif** s'emploie plutôt pour parler d'un fait qui ne va pas nécessairement de soi:

   > Le français **se parle** dans tous les continents. (Ceci est un fait que l'on suppose connu de tout le monde.)
   > **On parle** français dans certaines parties de la Louisiane. (Beaucoup de gens ignorent ce fait.)
   > Le poisson ne **se mange** généralement pas cru. (fait connu)
   > Au Japon, **on mange** souvent le poisson cru. (fait peu connu)

3. Pour déterminer à quel temps mettre le verbe lors de la transformation d'une phrase passive en une phrase active, il faut déterminer le temps du verbe **être** et mettre le verbe actif au même temps :

> J'ai **été** battu. (passé composé du verbe **être**)
> On m'**a battu**. (passé composé du verbe **battre**)

> Les livres **seront** vendus aux étudiants par le libraire. (futur du verbe **être**)
> Le libraire **vendra** les livres aux étudiants. (futur du verbe **vendre**)

Pour traduire

1. La préposition **par**, qui introduit le complément d'agent, se traduit en anglais par *by* :

> Le garçon est puni **par** son père.
> *The boy is punished by his father.*

> La ville est entourée **par** l'ennemi.
> *The city is surrounded by the enemy.*

La préposition **de**, qui introduit le complément d'agent, se traduit parfois par *by*, parfois par *with* :

> La terre est couverte **de** neige.
> *The ground is covered with snow.*

> La ville est entourée **de** montagnes.
> *The city is surrounded by mountains.*

2. L'anglais possède ce qu'on pourrait appeler un "faux passif" : un complément d'objet indirect (et non pas direct) est employé comme sujet du passif :

> *My brother **was lent** several detective stories. (My brother was not lent to anyone; something **was lent** to him.)*

Dans ce cas, il faut remplacer ce "faux passif" par un "vrai passif" avant de traduire :

> *My brother was lent several detective stories.*
> devient : *Several detective stories were lent to my brother.*
> {Plusieurs romans policiers **ont été prêtés** à mon frère.
> {**On a prêté** plusieurs romans policiers à mon frère.

> *The deserters **were promised** amnesty.*
> devient : *Amnesty **was promised** to the deserters.*
> {L'amnistie **a été promise** aux déserteurs.
> {On a **promis** l'amnistie aux déserteurs.

La même chose se produit lorsqu'un verbe, transitif en anglais, est intransitif en français :

> *The letter **was answered**.*

Mais le français dit **répondre à**, donc :

> On a répondu à la lettre.

16. Le participe présent

A. Formation

Le participe présent se forme en remplaçant la terminaison **-ons** de la première personne du pluriel du présent de l'indicatif par **–ant**:

INFINITIF	INDICATIF	PARTICIPE PRÉSENT
porter	portons	port**ant**
finir	finissons.	finiss**ant**
recevoir	recevons	recev**ant**
attendre	attendons	attend**ant**

Il y n'a que trois verbes dont le participe présent soit irrégulier:

avoir: **ayant**   savoir: **sachant**   être: **étant**

Le passé du participe présent se forme avec le participe présent de l'auxiliaire + le participe passé du verbe:

ayant porté   ayant fini   étant arrivé   s'étant assis

B. Emploi

1. Le participe présent a formé un certain nombre de noms:

   le passant (*the passer-by*)   le perdant (*the loser*)
   les vivants (*the living*)   le revenant (*the ghost*)
   le gagnant (*the winner*)   le débutant (*the beginner*)

2. Le participe présent a formé une série d'adjectifs qui, bien entendu, s'accordent avec le nom qu'ils modifient. Ces adjectifs suivent généralement le nom:

   Ces enfants sont **charmants**. (verbe **charmer**)
   Voilà des nouvelles **surprenantes**. (verbe **surprendre**)
   Il est parti sous une pluie **battante**. (verbe **battre**)
   Mon chien est **obéissant**. (verbe **obéir**)

   Plusieurs verbes font une distinction orthographique entre leur participe présent et l'adjectif (ou le nom) que ce participe présent a formé. Le participe présent est toujours invariable. L'adjectif s'accorde en genre et en nombre avec le nom qu'il modifie:

VERBE	PARTICIPE PRÉSENT	ADJECTIF
adhérer	adhérant	adhérent (e)(s)(es)
fatiguer	fatiguant	fatigant (e)(s)(es)
intriguer	intriguant	intrigant (e)(s)(es)
exceller	excellant	excellent (e)(s)(es)
savoir	sachant	savant (e)(s)(es)
etc.		

3. D'une façon générale, le participe présent exprime une action simultanée à celle qu'exprime le verbe principal. Le participe présent peut se trouver soit seul, soit introduit par la préposition **en**. Cette préposition est la seule à pouvoir introduire le participe présent (voir Pour traduire 2, p. 50):

> Je lui ai téléphoné **espérant** qu'il serait chez lui.
> Je lui téléphone **espérant** qu'il est chez lui.
> Je lui téléphonerai **espérant** qu'il sera chez lui.

> J'ai rencontré
> Je rencontre ⎫ Pierre **en allant** à la bibliothèque.
> Je rencontrerai ⎭

a. Le participe présent seul:

(1) Peut exprimer une action immédiatement antérieure à celle du verbe principal:

> **Arrivant** dans la rue, il chercha un taxi.
> **Entrant** dans un café, il reconnaît son amie.

(2) Pour souligner que l'action est antérieure à celle du verbe principal, on utilise la forme composée du participe présent:

> La production **étant tombée**, les bénéfices ⎰ diminuèrent.
> ⎱ diminuent.
> ⎰ diminueront.

> **Ayant** beaucoup **travaillé**, ⎧ il a gagné ⎫ beaucoup d'argent.
> ⎨ il gagne ⎬
> ⎩ il gagnera ⎭

(3) A une valeur causale ou explicative:

> Ne **sachant** où aller, je suis resté chez moi. (C'est parce que je ne savais pas où aller que je suis resté chez moi.)
> Il s'ennuyait, n'**ayant** rien à faire. (C'est parce qu'il n'avait rien à faire qu'il s'ennuyait.)
> La production **étant** tombée, les bénéfices ont diminué. (C'est parce que la production est tombée que les bénéfices ont diminué.)

b. **En + participe présent:** On appelle souvent le participe présent introduit par **en** le **gérondif**.

(1) Le gérondif peut indiquer le moment où l'action principale s'est produite, se produit ou se produira:

> J'ai rencontré Pierre **en allant** à la bibliothèque. (Quand l'ai-je rencontré?)

> Je me coupe souvent **en me rasant**. (Quand est-ce que je me coupe souvent?)

(2) Le gérondif peut indiquer la cause pour laquelle l'action principale s'est produite, se produit ou se produira:

> Je me coupe **en me rasant**. (Pourquoi est-ce que je me coupe?)

> **En acceptant** de l'épouser, elle a fait une bêtise. (Pourquoi a-t-elle fait une bêtise?)

(3) Le gérondif peut indiquer la manière dont l'action principale s'est produite, se produit ou se produira:

> Je me coupe souvent **en me rasant**. (Comment est-ce que je me coupe
> souvent?)

> **En lisant** beaucoup, on devient savant. (Comment est-ce qu'on devient
> savant?)

(4) Lorsqu'on veut insister sur la simultanéité du gérondif et du verbe principal, on emploie l'adverbe **tout**. Cela se produira surtout lorsque les deux
actions ne sont pas de celles qui sont normalement simultanées:

> Il marche **en chantant**. (Il est relativement normal de marcher en
> chantant.)

Mais: **Tout en marchant**, il comptait les voitures qui passaient. (Il est rare que
l'on marche en comptant des voitures.)

L'expression **tout en + participe présent** peut donc avoir une valeur de con-
cession, c'est-à-dire que l'action principale et l'action du participe présent
sont en quelque sorte contradictoires:

> **Tout en étant** furieux, je vous pardonne.
> **Tout en étant** riche, cet homme économisait sur tout.
> Ils ont refusé de manger, **tout en ayant** faim.

c. D'une façon générale, le participe présent "qualifie" un substantif ou un
pronom, tandis que le gérondif "qualifie" le verbe. Le participe présent peut
presque toujours être remplacé par **qui** dans une proposition relative. Le
gérondif est essentiellement adverbial et répond aux questions implicites
pourquoi? comment? ou **quand?**. Comparer:

> **Lisant** beaucoup, Pierre est devenu savant. (Pierre, qui lit beaucoup, est
> devenu savant. Je donne une information sur Pierre; je le "qualifie" de
> lecteur vorace.)

> **En lisant** beaucoup, Pierre est devenu savant. (Je donne une information
> sur le verbe **devenir**; je réponds à la question **comment** ou **pourquoi**
> l'action de devenir savant s'est-elle produite?)

Pour traduire

1. Les formes anglaises en *-ing* sont très fréquentes et d'un usage varié. Elles se
traduisent quelquefois par le participe présent, quelquefois par une autre construction. Voici par exemple comment le français traduit quelques-uns des nombreux emplois du *gerund* et du *present participle* anglais:

a. Comme *subject* ou *predicate complement*, le *gerund* se traduit généralement
par l'infinitif:

> *Seeing is believing.*   **Voir**, c'est **croire**.
> *Smoking is bad for you.*   **Fumer** est mauvais pour la santé.

> (Voir B:1, p. 46.)

b. Comme *object* d'un verbe le *gerund* se traduit par l'infinitif:

I like hunting and fishing.   J'aime **chasser** et **pêcher**.

ou par un nom:

I like hunting and fishing.   J'aime la **chasse** et la **pêche**.

c. Une *adverbial clause* contenant un *present participle* se traduit généralement par un gérondif français (voir Pour traduire, p. 50):

I cut myself shaving.
Je me suis coupé **en me rasant**.

He earned his fortune by selling his inventions.
Il a gagné sa fortune **en vendant** ses inventions.

He sings while working.
Il chante **en travaillant**.

I'll call you on arriving.
Je vous téléphonerai **en arrivant**.

Mais, après toute préposition autre que en, il faut employer l'infinitif ou l'infinitif passé (voir Pour traduire, p. 50).

d. Si le verbe principal et le *gerund* ont des sujets différents, le *gerund* se traduit généralement par une proposition à l'indicatif ou au subjonctif:

His sickness is due to his eating too much.
Sa maladie vient de ce qu'il **mange** trop.

He borrowed it without anyone knowing it.
Il l'a emprunté sans que personne le **sache**.

e. Le *gerund* adjectival dans les noms composés se traduit par **à** + **infinitif** ou par **de** + **nom**:

a sewing machine   *a singing group*
une machine à **coudre**   un groupe **de chant**

2. En anglais, les différentes façons de faire une action s'expriment souvent par des verbes différents:

He came into the room.
He ran into the room.
He crawled into the room.
He danced into the room.

En français, le verbe qui indique l'action est souvent "qualifié" par un gérondif qui indique de quelle façon l'action est faite:

Il **entra** dans la pièce.
Il **entra** dans la pièce **en courant**.
Il **entra** dans la pièce **en rampant**.
Il **entra** dans la pièce **en dansant**.

3. L'expression **en attendant** se traduit par *while waiting* ou par *meanwhile*:

> Le docteur vous recevra dans cinq minutes; remplissez ce formulaire **en attendant.**
> *The doctor will see you in five minutes; fill in this form while waiting.*

> Le Conseil de Sécurité délibère, mais les hostilités se poursuivent **en attendant.**
> *The Security Council is deliberating, but meanwhile the fighting goes on.*

> Vous serez payé la semaine prochaine; **en attendant,** voici une avance.
> *You will be paid next week; meanwhile, here's an advance.*

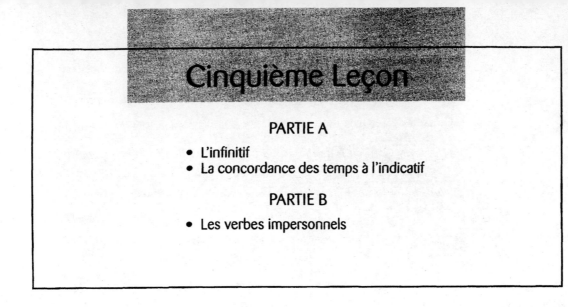

Cinquième Leçon

PARTIE A

- L'infinitif
- La concordance des temps à l'indicatif

PARTIE B

- Les verbes impersonnels

PARTIE A

17. L'infinitif

A. Formation

1. Les verbes se divisent en trois groupes, selon la terminaison de leur infinitif:

   Premier groupe : infinitif terminé en **-er** : Porter.
   Deuxième groupe : infinitif terminé en **-ir** : Finir.
   Troisième groupe : infinitif terminé en **-re** : Attendre.

2. L'infinitif passé est formé par l'infinitif du verbe auxiliaire (**avoir** ou **être**) + le participe passé du verbe principal:

avoir porté	avoir fini
avoir répondu	avoir vu
être venu	s'être assis

   Quand l'infinitif passé se forme avec **être**, le participe passé s'accorde avec le sujet implicite du verbe:

   Après **être entrée**, Julie a téléphoné tout de suite à ses parents.

B. Emploi

1. L'infinitif peut avoir la fonction d'un nom:

   Mentir est un grave défaut. (sujet)
   Je ne veux pas **parler**. (complément d'objet)

   L'infinitif a d'ailleurs formé un certain nombre de noms:

   Pour cinq cents francs par jour, la pension fournit le **coucher**, le **boire** et le **manger**.

2. L'infinitif s'emploie parfois comme impératif (voir F, p. 6).

3. Quand l'infinitif dépend d'un autre verbe, il peut être introduit soit par la préposition **à**, soit par la préposition **de**, soit n'exiger aucune préposition introductive, selon le verbe dont il dépend:

> Je désire
> Je sais
>
> Je commence **à**
> J'apprends **à** ⎫ gagner de l'argent.
>
> Je cesse **de**
> Je vous conseille **de**

(Voir la liste des principaux verbes de chaque catégorie à l'Appendice un, p. 168.)

4. Certains verbes peuvent introduire un infinitif de plus d'une façon:

   a. Avec certains verbes, la signification est différente pour chaque cas:

Je pense écrire,	*I intend to write.*
Je pense à écrire.	*I think about writing.*
Il décide **de** partir.	*He decides to leave.*
Il décide son frère à partir.	*He persuades his brother to leave.*
Il me demande **de** partir.	*He asks me to leave.*
Il demande **à** partir.	⎧ *He asks permission to leave.* ⎨ *He demands to leave.*
Il vient critiquer.	*He comes to criticize.*
Il vient **de** critiquer.	*He has just criticized.*
Il en vient **à** tout critiquer.[1]	*He is getting to the point of criticizing everything.*

   b. Avec certains verbes, il n'y a pas de changement de signification. La forme la plus usuelle est donnée ici en premier:

   > Il commence **à** (**de**) changer.
   > Elle recommence **à** (**de**) chanter.
   > Nous aimons (**à**) lire.

---

[1] L'expression **en venir à** + **infinitif** peut se traduire par *to get to the point where, to come to*:

J'**en viens à** me demander si la liberté personnelle est possible dans le monde moderne.
I am getting to the point of wondering whether personal freedom is possible in the modern world.

L'Inquisition **en vint à brûler** les hérétiques.
The Inquisition got to the point of burning heretics.

J'**en suis venu à apprécier** la cuisine japonaise.
I came to appreciate Japanese cooking.

C. "À" ou "de"

Quand un infinitif dépend d'un nom ou d'un adjectif, il est introduit par **à** ou par **de**. Il n'existe pas de règle absolue qui permette de savoir dans quel cas il faut employer **à** et dans quel cas **de**. On peut cependant remarquer que, d'une manière générale:

1. De introduit un infinitif:

a. Après une expression verbale (contenant un adjectif, un nom ou un adverbe) qui indique **le sentiment, l'émotion** ou **l'opinion**:

Je suis
{ content
heureux
malheureux
satisfait
ravi, etc. }
de partir.

Elles avaient
{ envie
honte
peur
besoin
l'intention
le malheur
la chance
la joie, etc. }
de travailler.

Vous feriez
{ mieux
bien
mal }
de rester.

Vous avez eu
{ tort
raison }
d'insister.

b. Après **il** (impersonnel) + **être** + **adjectif** (voir C, p. 149):

Il est
{ juste
désirable
nécessaire
normal, etc. }
d'aimer ses parents.

Il serait
{ facile
regrettable
grave
dangereux, etc. }
de tolérer l'injustice.

Comparer cette structure (**il est + adjectif + de + infinitif**) avec la structure: **c'est + adjectif + à + infinitif**. Si le complément d'objet direct suit l'infinitif, l'infinitif est introduit par **de**; s'il précède l'infinitif, l'infinitif est introduit par **à**:

> Il est facile **de** comprendre le français. (Comprendre quoi? "le français". Le complément d'objet direct suit l'infinitif, qui est donc introduit par **de**).

> Le français est facile **à** comprendre. (Comprendre quoi? "le français". Le complément d'objet direct précède l'infinitif, qui est donc introduit par **à**).

> Cela (ce) n'est pas facile **à** comprendre. (Comprendre quoi? "cela" ("ce"). Le complément d'objet direct précède l'infinitif, qui est donc introduit par **à**).

> Il est dangereux **de** manipuler la dynamite.
> La dynamite est dangereuse **à** manipuler.
> Attention! C'est dangereux **à** manipuler!

2. **À** introduit un infinitif qui exprime le **but** ou le **dessein**, la **tendance** ou le **résultat**. Souvent **à** prend ici le sens de **pour**:

   a. **À** introduit l'infinitif qui indique la fonction du nom qui le précède:

   une machine **à** (écrire, laver, coudre, etc.)
   un fer **à** repasser
   une maison **à** (louer, vendre)
   une chambre **à** coucher
   une salle **à** manger
   un homme **à** tout faire

   b. **À** introduit un infinitif qui indique quelle est (ou quelle peut être) la conséquence du nom qui le précède:

un problème à rendre fou	*a maddening problem*
une chaleur à en mourir	*a murderous heat*
un bruit à casser les oreilles	*an ear-splitting noise*
un froid à fendre les pierres	*bitter cold*
des cris à rendre sourd	*deafening screams*
des pleurs à faire pitié	*heart-rending crying*

   c. Après un adjectif, **à** introduit un infinitif qui indique pour quelle action l'adjectif s'applique:

un travail	facile difficile aisé etc.	à faire
un plat	bon déplaisant agréable etc.	à manger
une valise	légère lourde pratique etc.	à porter

d. À introduit un infinitif qui indique quelle est (ou quelle peut être) la conséquence de l'adjectif qui le précède:

> un animal laid à faire peur
> une chanson triste à en pleurer
> (Comparer à 2:b, p.49.)

e. À introduit un infinitif après **seul**, **premier**, **dernier** ou un **nombre ordinal**:

> Elle a été $\begin{Bmatrix} \text{la seule} \\ \text{la première} \end{Bmatrix}$ **à comprendre** la théorie de la relativité.

> Ce député est $\begin{Bmatrix} \text{le dernier} \\ \text{le cinquième} \\ \text{etc.} \end{Bmatrix}$ **à avoir demandé** la démission du ministre.

f. À introduit un infinitif après un certain nombre d'expressions indiquant la durée (de temps) et la position (du corps). **À + infinitif** sert à décrire ce que le sujet fait pendant cette durée ou dans cette position:

> Je passe mon temps à **travailler**. (durée)
> Je suis debout à **travailler**. (position)
> J'ai mis longtemps à **comprendre**. (durée)
> Elle reste assise à **écrire**. (position)

3. Une proposition infinitive peut souvent remplacer une proposition subordonnée à l'indicatif (voir C:6, p. 54) ou au subjonctif (voir D, p. 64; Pour traduire, p. 60):

> J'espère réussir à le persuader.
> *I hope I will succeed in convincing him.*

Pour traduire

1. Lorsque *to + infinitive* peut être remplacé par *in order to + infinitive* on le traduit par **pour + infinitif**:

> *He will need three days to (**in order to**) finish this work.*
> Il lui faudra (Il aura besoin de) trois jours **pour finir** ce travail.

> ***To succeed,** one must work.*
> **Pour réussir** il faut (on doit) travailler.

2. Toutes les prépositions (sauf **en**, voir 3:b, p. 42) gouvernent l'infinitif en français et non pas le *present participle* comme en anglais:

> *I answered without thinking.*
> J'ai répondu **sans réfléchir**.

> *They give orders instead of setting an example.*
> Ils donnent des ordres **au lieu de donner** l'exemple.

3. **Avant de + infinitif** et **après + infinitif passé:**

    a. *Before + present participle* se traduit par **avant de + infinitif:**

    You must learn to obey before giving orders.
    Il faut apprendre à obéir **avant de commander.**

    Before leaving, he kissed his wife.
    Avant de partir, il a embrassé sa femme.

    b. *After + present participle* se traduit par **après + participe passé:**

    After working (having worked) they played.
    Après **avoir travaillé,** ils ont joué.

    He came after warning (having warned) us.
    Il est venu après nous **avoir prévenus.**

    We rested after arriving (having arrived).
    Nous nous sommes reposés après **être arrivés.**

4. Noter que le verbe **laisser** et les verbes de perception **voir, entendre, écouter, regarder,** sont souvent suivis d'un infinitif. Les traductions anglaises de ces structures sont variables:

    J'ai **entendu** les oiseaux **chanter.**
    I heard the birds singing.

    Paul **a vu** l'homme **voler** le sac de la dame.
    Paul saw the man steal the lady's purse.

    L'enfant a **laissé tomber** le verre de lait.
    The child dropped the glass of milk.

    (Voir note 1, C, p. 37.)

PARTIE B

18. La concordance des temps à l'indicatif

A. Généralités

Les rapports qui peuvent exister entre le temps d'une proposition principale et celui d'une proposition subordonnée sont d'une grande variété. Nous n'en donnons ici que les plus fréquents. Les rapports de temps illustrés ci-dessous sont ceux où les verbes des propositions principales sont à l'indicatif ou au conditionnel. Pour comprendre les différents emplois des verbes subordonnés, l'étudiant peut se reporter aux chapitres qui leur correspondent.

B. Définitions du discours direct et du discours indirect

1. Dans le discours direct, le locuteur rapporte textuellement les pensées ou les paroles de quelqu'un, et les cite entre guillemets:

   Jean déclare: "Paul travaille à la banque".

   "Paul travaille à la banque" est ce que Jean a déclaré textuellement.

2. Dans le discours indirect, le locuteur rapporte sans les citer les pensées ou les paroles de quelqu'un. Les paroles rapportées sont transformées en une proposition subordonnée, introduite par **que**:

   Jean déclare **que** Paul travaille à la banque.

C. Concordance des temps dans le discours indirect

1. Avec une principale au **présent** de l'indicatif:

   a. Si l'action subordonnée est **antérieure** à l'action principale, la subordonnée peut être:

   à l'imparfait:
   Je déclare qu'il **travaillait**. (descriptive ou habituelle)

   au passé simple:
   Je déclare qu'il **travailla**. (action terminée, langue écrite)

   au passé composé:
   Je déclare qu'il **a travaillé**. (action terminée, langue parlée)

   au plus-que-parfait:
   Je déclare qu'il **avait travaillé** (avant d'aller jouer).

   b. Si l'action subordonnée et l'action principale sont **simultanées**, la subordonnée est au présent:

   Je déclare qu'il **travaille**

   c. Si l'action subordonnée est **postérieure** à l'action principale, la subordonnée peut être:

   au futur:
   Je déclare qu'il **travaillera** (demain).

   au futur antérieur:
   Je déclare qu'il **aura travaillé** (quand nous rentrerons).

2. Avec une principale à un temps **passé** de l'indicatif:

   a. Si l'action subordonnée est **antérieure** à l'action principale, la subordonnée est au plus-que-parfait (quelquefois au passé antérieur ou surcomposé, voir 9, p. 20):

   Je déclarais
   Je déclarai
   J'ai déclaré
   J'avais déclaré } (à 5 heures) qu'il **avait travaillé** de 3 heures à 4 heures.

b. Si l'action subordonnée et l'action principale sont simultanées, la subordonnée est à l'imparfait:

Je déclarais
Je déclarai
J'ai déclaré
J'avais déclaré
} qu'il **travaillait.**

c. Si l'action subordonnée est **postérieure** à l'action principale, il y a deux possibilités:

(1) L'action subordonnée reste dans le passé. Dans ce cas la subordonnée est au futur simple dans le passé (présent du conditionnel, voir B:3, p. 23), ou au futur antérieur dans le passé (passé du conditionnel, voir B:3, p. 24):

Je déclarais
Je déclarai
J'ai déclaré
J'avais déclaré
} qu'il { **travaillerait** (plus tard).
{ **aurait travaillé** (après notre départ).

(2) L'action subordonnée déborde sur le présent ou le futur. La subordonnée est au présent ou au futur, selon le cas:

Je déclarais
Je déclarai
J'ai déclaré
J'avais déclaré
} qu'il { **travaille** (en ce moment).
{ **travaillera** (jusqu'à demain).

3. Avec une principale à un temps **futur** de l'indicatif:

a. Si l'action subordonnée est **antérieure** à l'action principale, la subordonnée peut être:

au passé simple:
Je déclarerai (aurai déclaré) qu'il **travailla.**

au passé composé:
Je déclarerai (aurai déclaré) qu'il **a travaillé.**

à l'imparfait:
Je déclarerai (aurai déclaré) qu'il **travaillait.**

au plus-que-parfait:
Je déclarerai (aurai déclaré) qu'il **avait travaillé.**

b. Si l'action subordonnée est **simultanée** à l'action principale, la subordonnée est au présent:

Je déclarerai (aurai déclaré) qu'il **travaille.**

c. Si l'action subordonnée est **postérieure** à l'action principale, la subordonnée est au futur ou au futur antérieur:

Je déclarerai (aurai déclaré) qu'il **travaillera** (demain).
Je déclarerai (aurai déclaré) qu'il **aura travaillé** (quand nous rentrerons).

4. Le tableau ci-dessous résume la concordance des temps pour les transformations du discours direct au discours indirect quand le verbe de la proposition principale est à un temps du **passé**:

DISCOURS DIRECT	DISCOURS INDIRECT
présent: ⟶	imparfait:
Jean a déclaré: "Paul travaille".	Jean a déclaré que Paul travaillait.
futur: ⟶	conditionnel présent:
Jean a déclaré: "Paul travaillera".	Jean a déclaré que Paul travaillerait.
futur antérieur: ⟶	conditionnel passé:
Jean a déclaré: "Paul aura travaillé".	Jean a déclaré que Paul aurait travaillé.
imparfait: ⟶	imparfait:
Jean a déclaré: "Paul travaillait".	Jean a déclaré que Paul travaillait.
passé composé: ⟶	plus-que-parfait:
Jean a déclaré: "Paul a travaillé".	Jean a déclaré que Paul avait travaillé.

Dans le discours indirect, l'**impératif** se transforme en **infinitif**, précédé par **de**:

Je lui ai dit: "Venez me voir!"
Je lui ai dit **de venir** me voir.

5. Remarquer que l'on emploie le présent dans la subordonnée, quel que soit le temps de la principale, si la subordonnée a une valeur générale ou habituelle:

Je déclare
Je déclarais
Je déclarerai } que la colère **est** mauvaise conseillère.
J'avais déclaré
etc.

6. Lorsqu'une principale et une subordonnée à l'indicatif ont le même sujet, on remplacera généralement la subordonnée par une proposition infinitive (voir C:3, p. 50):

Nous croyons **avoir** trouvé la réponse.
Nous avions cru **trouver** la réponse.

Il dit **avoir** compris le problème.
Il voulait **comprendre** le problème.

19. Les verbes impersonnels

A. Définition

Le sujet des verbes impersonnels est toujours le pronom impersonnel **il**. Ce pronom n'a pas d'antécédent, car un verbe impersonnel n'a pas de sujet réel. On peut diviser les verbes impersonnels en deux catégories générales:

1. Les verbes qui indiquent un phénomène naturel se rapportant à la température ou à la météorologie. Les principaux sont:

il
{
pleut
neige
tonne
gèle
dégèle
grêle
}

il fait
{
chaud
froid
humide
frais
sec
beau
mauvais
}

il fait
{
du vent
du soleil
du brouillard
de l'orage
etc.
}

2. Certains verbes et locutions qui, à la forme impersonnelle, ont un sens spécial. Par exemple:

    a. **Il y a**, qui indique l'existence du complément d'objet d'**avoir**. Dans un sens temporel, cette expression indique la durée de temps (voir C:2, p. 3):

    Il y a trois Parisiens et deux Marseillais dans l'équipe de France.
    Il y a trois heures que j'attends.
    Il n'**y avait** plus de places pour la représentation de lundi prochain.
    Il y aura un an demain que j'ai quitté la France.
    Il y a encore des gens qui croient que la Terre est plate.

    –N'**y a-t-il** pas **eu** de femme parmi les grands écrivains romantiques?
    –Si, **il y a eu** Georges Sand.

    Dans la langue écrite, on trouve parfois **il est** pour **il y a** indiquant l'existence du complément d'objet; cet usage est fréquent en poésie:

    Il est (il y a) des hommes qui ne savent pas mentir.
    There are men who cannot lie.

    Il était (il y avait) une fois une jeune fille...
    Once upon a time there was a girl...

    b. **Il faut**, qui exprime la nécessité, l'obligation, le besoin:

    Il faut casser des œufs pour faire une omelette.
    Il faut aimer ses parents.
    Avant de partir, **il faudra** que nous mangions.
    Il lui **faut** un nouveau chapeau.
    Il faudrait protéger les ressources naturelles.
    Je ne sais pas ce qu'il **aurait fallu** dire pour les convaincre.

    On remarquera que le verbe **falloir** est toujours impersonnel; il ne peut se conjuguer qu'avec il impersonnel.

c. **Falloir** et **devoir**: Il y a deux façons principales d'exprimer l'obligation ou la nécessité en français: le verbe impersonnel **falloir** et le verbe **devoir**:

Il **faut** travailler pour réussir.
On **doit** travailler pour réussir.

Il nous **faudra** travailler pour réussir.
Nous **devrons** travailler pour réussir.

Il **aurait fallu** que vous travailliez pour réussir.
Vous **auriez dû** travailler pour réussir.

Ces deux façons d'exprimer l'obligation ou la nécessité sont pratiquement équivalentes. Le français a tendance à préférer le verbe **devoir** dans les temps composés, simplement parce qu'il est plus facile de dire: **J'aurais dû travailler** que: **Il aurait fallu que je travaille.** Cependant, au négatif, **il ne faut pas** exprime une interdiction générale. **On ne doit pas** est à la fois plus personnel et a une nuance moralisante.

d. **Il est**, qui s'emploie dans un sens temporel:

Il **est** deux heures.
Il **sera** tard quand nous partirons.
Il **était** temps de manger.

Il impersonnel, comme sujet apparent du verbe **être** suivi d'un adjectif, s'emploie lorsque le sujet réel est une proposition, introduite par **que** ou, dans le cas d'une proposition infinitive, par **de**:

Il (sujet apparent) est certain **que vous avez travaillé** (sujet réel).
Il est possible **que nous achetions ce livre.**
Il sera difficile **de finir ce travail aujourd'hui.** (proposition infinitive)
Il était important **d'arriver à l'heure.** (proposition infinitive)
(Voir C, p. **149.**)

e. **Il va de soi** et **il va sans dire**, qui indiquent l'évidence:

Il va de soi/**il va sans dire** que vous réussirez.
It is evident that
Of course
Obviously ⎫ *you will succeed.*
It goes without saying that
It is obvious that

f. **Il s'agit de**, qui introduit ce dont il est question:

De quoi **s'agit-il**?
What is the question?
What's it all about?

De quoi s'agit-il dans ce roman?
What is this novel about?

Il s'agit de sortir sans être vu.
The question is to go out without being seen.

Comme **falloir**, **s'agir de** ne peut se conjuguer qu'avec **il** impersonnel.

On trouve souvent en anglais des phrases du genre:

This novel (film, book, essay, etc.) deals with the life of Henry VIII (love among the upper classes, the protection of natural resources, etc.).

Si l'on veut utiliser **s'agir de** pour traduire en français, il ne faut pas oublier que le sujet ne peut être que **il** impersonnel:

Dans ce roman, **il s'agit de** la vie d'Henri VIII.
Dans ce film, **il s'agit de** la protection des ressources naturelles.

On dit également:

Le sujet de ce roman est la vie d'Henri VIII.
Ce film a pour sujet (pour thème) la protection des ressources naturelles.

D'autres expressions équivalentes sont **traiter de** et **il est question de**:

Ce roman **traite de** la vie d'Henri VIII.
Dans ce roman, **il est question de** la vie d'Henri VIII.

g. **Il arrive**, qui indique ce qui a lieu:

Qu'arrive-t-il?
What is happening? What is going on?[1]

Il arrive qu'elle soit de mauvaise humeur.
It sometimes happens that she is in a bad mood.

Il peut arriver qu'un accident soit mortel.
It can happen that an accident may be fatal.

La locution **il arrive que** exige le subjonctif dans la proposition subordonnée (voir 20, p. 59-60; 21, p. 60-65).

h. **Il convient**, qui indique ce qui est utile ou à propos:

Il convient que vous ne soyez pas en retard.
It would be fitting (useful, proper) for you not to be late.

Que **convient-il** de faire?
What should be done (one do)?

Il ne **convient** pas de discuter cette affaire maintenant.
It is not opportune to discuss this matter now.

Pour réussir, **il convient** de travailler.
In order to succeed, it is useful to work.

La locution **il convient que** exige le subjonctif dans la proposition subordonnée (voir 20, p. 59-60; 21, p. 60-65).

---

[1]On peut également dire:

Qu'est-ce qui se passe?
ou: Que se passe-t-il?

i. Comme on le voit, certaines de ces expressions peuvent introduire une proposition infinitive (voir D, p. 64):

Faut-il craindre le pire?
Il est facile (difficile, important, urgent, etc.) **d'acheter** cela.
Il s'agit de sortir sans être vu.
Il convient de travailler pour réussir.

j. Certaines de ces expressions peuvent avoir un complément d'objet indirect. À la première et à la deuxième personne (singulier et pluriel), ce complément sera un pronom. À la troisième personne, ce sera soit le pronom, soit le nom introduit par **à**:

Il **me** faut de l'argent.
Il faut de l'argent **à Pierre**.
Il **lui** faut de l'argent.

Il **t'**est difficile de lire.
Il est difficile **à Marie** de lire.
Il **lui** est difficile de lire.

Il **nous** arrive un malheur.
Il arrive un malheur **aux Dupont**.
Il **leur** arrive un malheur.

Il **vous** convient de partir.
Il convient **au ministre** de partir.
Il **lui** convient de partir.

Pour traduire

Comme **qu'est-ce qui arrive?** (**qu'arrive-t-il?**), l'interrogation **qu'est-ce qu'il y a?** (**qu'y a-t-il?**) peut se traduire par *what is the matter? what is wrong? what is going on? what is happening?*; comme réponse à un appel, elle peut se traduire par *what?* ou par *what is it?*:

Qu'est-ce qu'il y a? Pourquoi as-tu l'air si triste?
What is the matter? (What is wrong?) Why do you look so sad?

Qu'est-ce qu'il y a? Quel est ce bruit?
What is going on? What is this noise?

—Pierre!   —Qu'est-ce qu'il y a?
—*Peter!*   —*What is it? (What?)*

Sixième Leçon

PARTIE A

- Le subjonctif
- Le subjonctif dans les propositions subordonnées substantives

PARTIE B

- Le passé du subjonctif
- Le subjonctif après certaines conjonctions

PARTIE A

20. Le subjonctif

Le subjonctif s'emploie lorsque l'on veut exprimer une attitude subjective (souhait, désir, jugement, ordre, regret, etc.).

A. Formation du présent du subjonctif

Pour former le présent du subjonctif, on remplace la terminaison de l'infinitif des verbes du premier et du troisième groupes (exemple : porter et attendre) par **-e, -es, -e, -ions, -iez, -ent,** et la terminaison de l'infinitif des verbes du deuxième groupe (exemple: finir) par **-isse, -isses, -isse, -issions, -issiez, -issent**:

PORTER	FINIR	ATTENDRE
que je porte	que je finisse	que j'attende
que tu portes	que tu finisses	que tu attendes
qu' il/elle porte	qu'il/elle finisse	qu'il/elle attende
que nous portions	que nous finissions	que nous attendions
que vous portiez	que vous finissiez	que vous attendiez
qu'ils/elles portent	qu'ils/elles finissent	qu'ils/elles attendent

Pour la conjugaison des verbes irréguliers au subjonctif, consulter l'Appendice trois, p. 173.

B. Le subjonctif dans les propositions indépendantes

Dans les propositions indépendantes, le subjonctif exprime le souhait et est parfois introduit par **que**:

> **Que** Votre Volonté **soit** faite.
> **Vive** la France!
> **Meurent** les traîtres!

Cet usage est rare. On peut considérer que les propositions de ce genre sont en réalité des propositions subordonnées, dont la principale est sous-entendue:

> Je désire que
> Je souhaite que ⎫
> Nous désirons que ⎬ Votre Volonté **soit** faite.
> Il est souhaitable que ⎭ **vive** la France.
> **meurent** les traîtres.

On sait que le subjonctif sert d'impératif à la troisième personne (voir E, p. 6). Cela est compréhensible, car l'ordre et le souhait sont très proches l'un de l'autre. Seul le contexte permet de savoir si l'expression **Que meurent les traîtres** exprime un désir ou un ordre.

Pour traduire

Les propositions indépendantes au subjonctif deviennent souvent des expressions idiomatiques. Ainsi:

> **Soit!** (Indique l'assentiment.) *So be it!*
> Ainsi **soit-il.** (Se dit à la fin d'une priere.) *Amen.*
> À Dieu ne **plaise!** *God forbid!*
> Qu'à cela ne **tienne.** *Don't let that stand in the way. Never mind.*
> **Vive** le roi! *Long live the king!*

21. Le subjonctif dans les propositions subordonnées substantives

A. Emploi

Une proposition subordonnée substantive joue le rôle d'un substantif. Elle est introduite par **que** et sert de sujet ou de complément d'objet au verbe:

> **Que tous les citoyens ont les mêmes droits** est un principe fondamental des régimes démocratiques. (sujet d'**être**)

> Le président a déclaré **que la situation était grave.** (complément d'objet de **déclarer**)

> **Que vous puissiez réussir** ne semble pas probable. (sujet de **sembler**)

> L'avocat souhaite **que son client soit acquitté.** (complément d'objet de **souhaiter**)

On voit que le mode de ces propositions subordonnées substantives est déterminé par le verbe de la proposition principale (**être** et **déclarer** déterminent l'indicatif; **sembler** et **souhaiter** déterminent le subjonctif). La subordonnée est au subjonctif lorsque le verbe de la principale exprime une attitude subjective telle que:

1. **L'émotion:**

   > Elle est contente que tu ne **sois** plus malade.
   > Que mon roman vous **plaise** me fait bien plaisir.
   > Ils sont furieux que vous ne leur **répondiez jamais**.
   > J'ai peur que vous ne[1] **manquiez** le train.

2. **Le jugement:**

   > Il est regrettable que vous **soyez** en retard.
   > Il est temps que ce scandale **finisse**.
   > Il n'est pas juste que cet homme **soit condamné**.

3. **L'ordre ou l'interdiction, le souhait ou le regret:**

   > Je veux qu'il **vienne** avec nous. (ordre)
   > J'ordonne que tout **soit** prêt demain. (ordre)

   > Je défends que vous **sortiez**. (interdiction)
   > Je ne veux pas que vous **parliez**. (interdiction)

   > Je désire qu'il **vienne** avec nous. (souhait)
   > Je prie le ciel que vous **réussissiez**. (souhait)

   > Je regrette que vous **sortiez**. (regret)
   > Je suis désolé que vous **ne puissiez pas venir**. (regret)

4. **Le doute, la possibilité, l'impossibilité, l'improbabilité:**

   > Je ne crois pas qu'il **vienne**. (doute)
   > Je doute qu'il le **sache**. (doute)

   > Est-il possible qu'elle **dise** la vérité? (possibilité)
   > Il se peut qu'elle **soit** malade. (possibilité)

   > Il est impossibile qu'elle **vienne**. (impossibilité)
   > Il est improbable qu'elle **soit** malade. (improbabilité)

Mais la subordonnée est à l'indicatif quand le verbe de la principale exprime **la probabilité:**

> Il est probable qu'elle **est** malade.

---

[1] Avec une expression de crainte, le **ne** explétif est généralement employé:

Je crains
J'ai peur } qu'elle **ne** soit malade.

B. "À + ce que"

Il faut ajouter **ce que** à certaines expressions idiomatiques comprenant la préposition **à** lorsqu'elles introduisent une proposition subordonnée substantive au subjonctif. Les plus courantes de ces expressions idiomatiques sont :

> s'opposer à *(to be opposed to)*   s'attendre à *(to insist)*
> tenir à *(to expect)*   jusqu'à *(until)*

Je m'oppose à **ce que** vous **sortiez.**
Il s'attend à **ce qu'**elle **revienne.**
Nous tenons à **ce que** vous **sachiez** cela.
J'attendrai jusqu'à **ce que** vous **reveniez.**

C. Verbes exprimant l'opinion

Il n'est pas toujours facile de savoir si le français considère que la proposition principale indique une attitude subjective et donc exige le subjonctif. Ainsi :

1. Quand le verbe de la principale exprime une déclaration (verbes **dire, raconter, affirmer, déclarer, annoncer,** etc.):

   a. Si le verbe est à l'affirmatif, la subordonnée est à l'indicatif:

   Il déclare que cela **est** vrai.
   Il a dit que cela **était** vrai.
   Il affirmera que cela **est** vrai.

   b. Si le verbe est au négatif, la subordonnée est généralement au **subjonctif:**

   Il ne déclare pas que cela **soit** vrai.
   Il n'a pas dit que cela **ait été** vrai.
   Il n'affirmera pas que cela **soit** vrai.

   c. Si le verbe est à l'interrogatif (affirmatif et négatif), la subordonnée est à l'indicatif:

   Dit-il (ne dit-il pas)
   Affirme-t-il (n'affirme-t-il pas) } que cela **est** vrai?

2. Quand le verbe de la principale exprime une pensée (verbes **croire**, **penser**, **sup-poser**, **deviner**, **s'imaginer**, **être sûr**, etc.):

   a. Si le verbe est à l'affirmatif, la subordonnée est à l'indicatif:

   Elle croit que cela **est** vrai.
   Elle pensait que cela **était** vrai.
   Elle est sûre que cela **est** vrai.

   b. Si le verbe est au négatif ou à l'interrogatif, un élément de doute est introduit et la subordonnée est donc généralement au subjonctif[1]:

   Elle ne croit pas
   Elle ne pense pas $\Big\}$ que cela **soit** vrai.
   Elle n'est pas sûre

   Croit-elle (ne croit-elle pas)
   Pense-t-elle (ne pense-t-elle pas) $\Big\}$ que cela **soit** vrai?
   Est-elle sûre (n'est-elle pas sûre)

   c. Le verbe **espérer**, bien qu'exprimant le souhait, suit les mêmes règles que les verbes de pensée:

   Elle espère que cela **est** vrai.
   Elle n'espère pas que cela **soit** vrai.
   Espère-t-elle que cela **soit** vrai?

---

[1] Certaines propositions principales exprimant une pensée à l'interrogatif ou au négatif peuvent être quand même suivies d'une subordonnée à l'indicatif. L'indicatif indique une certitude ou, tout au moins, une probabilité. Le subjonctif indique un doute ou, tout au moins, une possibilité. La nuance est importante. Comparer:

Croyez-vous que cela **est** vrai?

Cela équivaut à dire: "Cela est vrai. Le croyez-vous?" En d'autres termes, celui qui parle postule une vérité dans la subordonnée. Une personne croyante dira: "Croyez-vous que Dieu **est** tout-puissant?"

Croyez-vous que cela **soit** vrai?

Ici, au contraire, celui qui parle demande une opinion sur un fait qu'il ne postule pas comme une vérité absolue. La même personne croyante demandera: "Croyez-vous que Dieu **soit** injuste?"

Souvent, celui qui parle emploie le subjonctif quand il s'attend à une réponse négative:

   -Croyez-vous que mon fils **soit** stupide?
   -**Non**, mais je crois qu'il **est** paresseux.
   -Pensez-vous qu'il **réussira** tout de même son examen?
   -**Oui**, mais il n'aura pas une bonne note.

Il est évident que, dans la majorité des cas, les règles indiquées ci-dessus à C:1 et 2, p. 62-63, s'appliquent.

D. Le subjonctif et les **propositions infinitives**

Quand une proposition subordonnée substantive au subjonctif a le même sujet que la proposition principale, cette subordonnée est généralement remplacée par une proposition infinitive :

Elle [Marie] est désolée qu'elle [Marthe] ne **soit** pas ici.
Mais : Elle est désolée de ne pas **être** ici.

J'ai peur que vous ne **manquiez** le train.
Mais : J'ai peur de **manquer** le train.

Nous sommes contents que vous **ayez réussi**.
Mais : Nous sommes contents d'**avoir réussi**.

Je ne veux pas que vous **parliez**.
Mais : Vous ne voulez pas **parler**.

Est-ce qu'ils tiennent à ce que vous **rentriez** en France ?
Mais : Est-ce que vous tenez à **rentrer** en France ?

Quand un verbe impersonnel tel que **il faut, il est temps, il vaut mieux, il est possible**, etc., qui exige normalement un subjonctif ne se réfère pas à un sujet déterminé, l'**infinitif** remplace le subjonctif :

Il faut que vous **partiez**. (**vous**, sujet déterminé)
Mais : Il faut **partir**.

Il est temps que ce scandale **finisse**. (**ce scandale**, sujet déterminé)
Mais : Il est temps de **finir** ce scandale.

Il vaut mieux que vous **lisiez** à haute voix.
Mais : Il vaut mieux **lire** à haute voix.

Il est possible que nous **achetions** ce livre.
Mais : Il est possible d'**acheter** ce livre.

Pour traduire

1. Les verbes ci-dessous, indiquant l'ordre, la défense et la permission, sont rarement suivis d'une proposition subordonnée au subjonctif. Celle-ci est remplacée par un complément d'objet indirect (généralement introduit par **à**), suivi d'un infinitif (introduit par **de**) :

ordonner		to order	
commander		to command	
demander		to ask	
écrire	à quelqu'un de	to write	someone to do
défendre	faire quelque chose	to forbid	something
conseiller		to advise	
dire		to tell	
permettre		to allow	

Le père **ordonne** à son fils **de** venir.

Le capitaine **a commandé** à ses troupes **de** prendre leurs armes.

Le gouvernement **demande** à la population **de** garder le calme.

J'**écrirai** à mes parents **de** m'envoyer de l'argent.

Le médecin **lui** (complément d'objet indirect) **défend de** sortir.

Il **m'** (complément d'objet indirect) **a conseillé de** me taire.

Avez-vous **dit aux** enfants **de** manger?

La Constitution ne **permet** pas **au** président **d'**être réélu trois fois.

L'emploi du subjonctif avec les verbes ci-dessus est rare. Ils prennent alors une nuance impérative très forte:

Le père **ordonne** que son fils **vienne**.

La Constitution ne **permet** pas que le président **soit** réélu trois fois.

Le capitaine a commandé que ses troupes **prennent** leurs armes.

2. Les verbes ci-dessous remplacent généralement le subjonctif de la subordonnée par un complément d'objet direct + de + infinitif:

Empêcher quelqu'un de faire quelque chose (to *prevent someone from doing something*):

La chaleur les (complément d'objet direct) **empêche de** travailler.

Persuader quelqu'un de faire quelque chose (to *convince someone to do something*):

Mon père le **persuade de** venir.

3. Excepté dans les cas traités aux nos. 1 et 2, une *infinitive construction* anglaise ayant un nom ou un pronom pour sujet se traduit en français par une proposition subordonnée nominale:

I want Pierre to do it.
Je veux que Pierre le fasse.

We want everyone to know it.
Nous voulons que tout le monde le sache.

Mais: *I order Pierre to do it.*
J'ordonne à Pierre de le faire.

(Voir Pour traduire 1 et 2, p. 64-65.)

PARTIE B

22. Le passé du subjonctif

A. Formation

Le passé du subjonctif est formé par le présent du subjonctif du verbe auxiliaire (**avoir** ou **être**) et le participe passé du verbe principal:

Porter: que j'**aie porté**

Sortir: que je **sois sorti(e)**

Attendre: que j'**aie attendu**

B. Emploi

Si l'action de la proposition subordonnée est antérieure à celle de la proposition principale, le verbe de la subordonnée est au passé du subjonctif, quel que soit le temps du verbe de la principale.

> Je m'étonne que vous **soyez venu** à la conférence d'hier soir.
> *I am surprised that you* **came** *to last evening's lecture.*

> Cela ne m'étonnerait pas que l'avocat **ait trouvé** assez de témoins pour innocenter l'accusé.
> *It wouldn't surprise me that the lawyer* **found** *enough witnesses to prove the accused innocent.*

> J'étais surpris que l'avocat **ait trouvé** assez de témoins pour innocenter l'accusé.
> *I was surprised that the lawyer* **had found** *enough witnesses to prove the accused innocent.*

Mais: J'étais surpris que tu ne **sois** pas là.
I was surprised that you **weren't** *there.* (Simultanéité des deux actions)

23. Le subjonctif après certaines conjonctions

A. Emploi

Les conjonctions suivantes exigent toujours le subjonctif:

quoique	bien que	pour que
afin que	pourvu que	sans que
autant que	non que	soit que ... soit que
jusqu'à ce que	de peur que	de crainte que
à moins que	avant que	

> Nous viendrons **quoique** (**bien que**) nous **soyons** fatigués. (*although*)
> Ils sonnent **pour que** nous **ouvrions** la porte. (*so that*)
> Ouvrez la porte **afin qu**'elle **puisse** entrer. (*so that*)
> Personne ne le saura **pourvu que** vous vous **taisiez**. (*provided that*)
> Les négociations se sont déroulées **sans que** la presse l'**apprenne**.
> (*without*)
> **Autant que** je **sache**, Balzac n'a pas écrit de poèmes. (*as far as*)
> **Non que** ce travail **soit** difficile, mais il est long. (*not that*)
> **Soit qu**'elle **ait** sommeil, **soit qu**'il **soit** trop tard, elle refuse de nous accompagner. (*either because ... or because*)
> Nous poursuivrons le combat **jusqu'à ce que** tous nos frères **soient** libres.
> (*until*)

B. Emploi du "ne" explétif

Après les conjonctions **à moins que** (*unless*), **avant que** (*before*), **de crainte que** (*for fear that*), **de peur que** (*for fear that*), le subjonctif est précédé d'un ne explétif. (Toutefois, dans la langue parlée, l'emploi de ce ne explétif est facultatif):

> Nous viendrons **à moins que** nous **ne** soyons fatigués.
> Fermez la fenêtre **avant qu'**il **ne** fasse trop chaud.
> Téléphonons-lui **de crainte qu'**il **ne** soit déjà sorti.
> Téléphonons-lui **de peur qu'**il **ne** soit déjà sorti.

Remarquer que si la conjonction **avant que** exige le subjonctif, **après que** exige l'indicatif:

> Ils sont partis **avant que** nous ne **soyons** arrivés.
> Ils sont partis **après que** nous **sommes** arrivés.

C. Le subjonctif et les propositions infinitives

Quand le sujet d'une proposition subjonctive introduite par une conjonction est le même que celui de la proposition principale, on doit remplacer ce subjonctif par une proposition **infinitive** (comparer à D, p. 64). Pour cela, il faut remplacer la conjonction par la préposition qui lui correspond:

CORRESPONDANCE ENTRE LES
CONJONCTIONS ET LES PRÉPOSITIONS
QUI LES REMPLACENT

CONJONCTIONS	PRÉPOSITIONS
avant que	avant de (*before*)
pour que	pour (*in order to*)
afin que	afin de (*in order to*)
à moins que	à moins de (*unless*)
sans que	sans (*without*)
de peur que	de peur de (*for fear that*)
de crainte que	de crainte de (*for fear that*)

> Ouvrez la porte **afin que** votre frère **puisse** entrer.
> Votre frère ouvre la porte **afin de pouvoir** entrer.

> Il a fait ses devoirs **avant que** ses parents ne **soient** partis.
> Il a fait ses devoirs **avant de partir**.

> **Sans que** nous nous en **rendions** compte, le train est arrivé à Paris.
> Nous sommes arrivés à Paris **sans** nous en **rendre** compte.

Si une conjonction n'a pas de préposition correspondante, on ne peut éviter le subjonctif. C'est le cas pour **bien que** et **quoique**:

> Il travaille **bien qu'**il **ait** mal à la tête.
> Il travaille **bien qu'**il **soit** malade.
> Il lit **quoiqu'**il **soit** fatigué.

On peut toutefois supprimer le verbe **être** après ces deux conjonctions:

> Il travaille **bien que** malade.
> Il lit **quoique** fatigué.

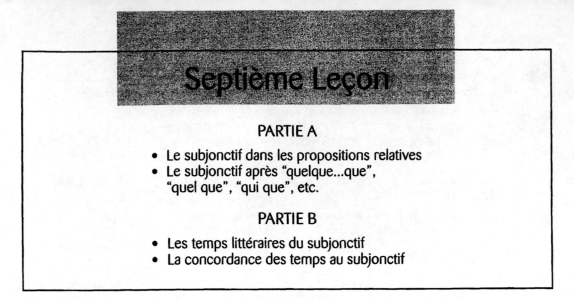

PARTIE A

24. Le subjonctif dans les propositions relatives

A. Définition

Une proposition relative, généralement introduite par **qui, que, quoi, lequel, dont** ou **où**, complète l'antécédent et joue le rôle d'un adjectif:

> Je cherche un employé **qui puisse me renseigner.**

L'antécédent **employé** est "qualifé" par la proposition relative **qui puisse me renseigner.**

> Connaissez-vous une pharmacie **où l'on vende des produits de beauté?**

L'antécédent **pharmacie** est "qualifié" par la proposition relative **où l'on vende des produits de beauté.**

B. Emploi

Le mode d'une proposition relative est déterminé par son antécédent. Quand l'antécédent est indéfini, la proposition relative est au subjonctif:

> Je cherche **quelqu'un** (une personne, un homme, un agent de police, etc.) qui **puisse me renseigner.**

Quelqu'un ici n'est pas une personne déterminée, mais n'importe quelle personne, quel homme, quel agent de police, capable de donner le renseignement. Peut-être même qu'une telle personne n'existe pas.

Si, par contre, l'antécédent est **défini**, c'est-à-dire s'il n'y a aucun doute sur l'existence réelle de cette personne ou de cette chose, la proposition relative est à l'indicatif:

> Je cherche une personne, dont on m'a parlé, qui **peut** me renseigner.
> Je cherche un homme qui **peut** me renseigner; il s'appelle Dupont.
> Je cherche quelqu'un, dont j'ai oublié le nom, qui **pourra** me renseigner.

Il est évident que celui qui parle sait d'avance si l'antécédent est défini ou non. Mais celui qui écoute ne le saura que lorsqu'il aura entendu le verbe. Examiner les exemples suivants:

> Connaissez-vous quelqu'un qui **sache** le suédois? (antécédent indéfini)
> Je ne connais personne qui **sache** le suédois. (antécédent indéfini)
> Je connais quelqu'un qui **sait** le suédois. (antécédent défini)

> Il voudrait un bureau qui **ait** deux tiroirs. (antécédent indéfini)
> Il a un bureau qui **a** deux tiroirs. (antécédent défini)

> Voulez-vous une voiture qui **soit** économique? (antécédent indéfini)
> Le public veut une voiture qui **soit** économique. (antécédent indéfini)
> J'ai acheté une voiture qui **est** économique. (antécédent défini)

> Je n'ai jamais rien mangé qui **soit** aussi bon. (antécédent indéfini)
> J'ai mangé quelque chose qui **était** aussi bon. (antécédent défini)

On remarquera que l'antécédent d'une proposition relative à l'interrogatif ou au négatif est le plus souvent indéterminé et donc exige le subjonctif. Cela se comprend: l'interrogatif et le négatif introduisent souvent un certain doute quant à l'existence réelle de l'antécédent.

C. Le subjonctif dans des phrases superlatives

Dans le cas d'une proposition relative dont l'antécédent est modifié par un superlatif ou par une expression à valeur superlative, telle que **le seul, le dernier, le premier, l'unique, il n'y a que**, il s'agit de savoir si le modificateur indique une attitude subjective de la part de celui qui parle. S'il exprime une opinion, un jugement, un choix, une émotion, le verbe sera au subjonctif. Si, au contraire, celui qui parle est parfaitement objectif, s'il postule une vérité, le verbe sera à l'indicatif. Comparer:

> C'est le plus bel enfant que je **connaisse**. (Je connais beaucoup d'enfants et je pense que c'est lui le plus beau.)
> C'est le plus bel enfant que je **connais**. (Il y a un enfant qui est, objectivement, plus beau que les autres. C'est lui que je connais.)

> Il n'y a que Pierre qui m'**ait félicité**. (J'en ai été ému.) (Cela m'a étonné.)
> Il n'y a que Pierre qui m'**a félicité**. (Je constate simplement une réalité objective.)

> La Suède est le premier pays qui **ait envoyé** des secours. (Nous l'en félicitons.)
> La Suède est la premier pays qui **a envoyé** des secours. (Nous le constatons.)

En fait, dans la majorité des cas, les propositions relatives dont nous parlons sont au subjonctif. Lorsqu'elles exigent l'indicatif, le français a tendance à les éviter. Aux propositions à l'indicatif ci-dessus, le français préfère:

Je connais le plus bel enfant (l'enfant le plus beau).
Pierre seul m'a félicité.

Ou l'infinitif, lorsque la proposition principale et la subordonnée ont le même sujet:

Il n'y a que Pierre à m'**avoir** félicité.
La Suède est le premier pays à **avoir envoyé** des secours.

25. Le subjonctif après "quelque...que", "quel que", "qui que", etc.

A. "Quelque"

Quelque peut être un adverbe (et donc invariable) qualifiant un adjectif. **Quelque** peut aussi être un adjectif (et donc variable: **quelque, quelques**) placé devant le nom qu'il modifie. Dans les deux cas, **quelque** exige le subjonctif:

1. Quelque (adverbe):

> **Quelque** jolie qu'elle **soit**, elle ne me plaît pas.
> *However pretty she may be, I don't like her.*

Dans ce sens, **quelque** peut être remplacé par **si**, **tout** ou **pour**. Le verbe reste au subjonctif:

> **Si**
> **Tout** } intelligent qu'il **soit**, il n'a pas compris.
> **Pour**
> *However intelligent he may be, he didn't understand.*

2. Quelque (adjectif):

> **Quelque** difficulté (chagrin) que vous **ayez**, persévérez!
> *Whatever difficulty (sorrow) you may have, persevere!*

> **Quelques** difficultés (chagrins) qu'elle **ait**, elle persévérera.
> *Whatever difficulties (sorrows) she may have, she will persevere.*

B. "Quel que"

Quel que (**quels que, quelle que, quelles que**) est un adjectif en position prédicative, c'est-à-dire séparé par le verbe du nom qu'il modifie. Cet adjectif exige le subjonctif:

> **Quel que soit** votre chagrin,
> **Quels que soient** vos chagrins, } continuez!
> **Quelle que soit** la difficulté,
> **Quelles que soient** les difficultés,

> *Whatever*
> *your sorrow*
> *your sorrows* } *may be, keep on!*
> *the difficulty*
> *the difficulties*

C. Le subjonctif avec "qui que", "quoi que", etc.

Les expressions **qui que, quoi que, où que, de quelque manière que** exigent le subjonctif:

> **Qui que** vous **soyez**, je ne vous connais pas.
> *Whoever you are, I don't know you.*

> **Quoi qu'**il **fasse**, il le fait bien.
> *Whatever he does, he does well.*

> Je te suivrai **où que** tu **ailles**.
> *I shall follow you wherever you go.*

> **De quelque manière que** vous le **fassiez**, ce sera bien fait.
> *However you do it (in whatever way you do it), it will be done well.*

De même, les expressions **qui que ce soit qui** et **qui que ce soit que** exigent le subjonctif:

> **Qui que ce soit qui ait fait** cela, je le punirai.
> *Whoever did that, I will punish.*

> **Qui que ce soit que** vous **connaissiez**, je veux le connaître aussi.
> *Whomsoever you know, I want to know also.*

Pour traduire

1. On remarquera que les expressions examinées à 25, qui exigent toutes le subjonctif, se traduisent par un mot anglais terminé par le suffixe *-ever*. Mais, inversement, les pronoms et adverbes anglais terminés par ce suffixe n'exigent pas toujours un subjonctif en français. Ainsi:

  a. *Whoever* comme sujet du verbe *to be* (voir C, ci-dessus) peut aussi se traduire par **quiconque + indicatif, celui qui + indicatif** et quelquefois par **qui + indicatif**:

  > **Quiconque a fait** cela, je le punirai.
  > Je punirai **celui qui a fait** cela.
  > **Qui fait** cela fait une mauvaise action.

  b. Quand *whatever* ou *at all* suit le mot qu'il modifie, on le traduit par **n'importe**:

  > *Give him any job (whatever).*
  > Donnez-lui **n'importe quel** travail.

  > *I'll see any one (at all).*
  > Je verrai **n'importe qui.**

  > *Anyone (at all) can see me.*
  > **N'importe qui** peut me voir.

  > *He will do anything (whatever) to succeed.*
  > Il fera **n'importe quoi** pour réussir.

c. *Whenever* se traduit par **toutes les fois que** + **indicatif** ou par **lorsque** + **indicatif**:

> *Whenever I see him, he is wearing the same suit.*
> **Toutes les fois que** je le vois, il porte le même complet.

> *Whenever you see him, be careful.*
> **Lorsque** vous le verrez, faites attention.

d. *However much* comme adverbe de degré se traduit souvent par **avoir beau** + **infinitif**:

> *However much you laugh, he will do it.*
> Vous **avez beau** rire, il le fera.

> *However much I write, he doesn't answer.*
> J'**ai beau** écrire, il ne répond pas.

PARTIE B

26. Les temps littéraires du subjonctif

A. Formation

L'IMPARFAIT DU SUBJONCTIF

PORTER	FINIR	ATTENDRE
que je portasse	que je finisse	que j'attendisse
que tu portasses	que tu finisses	que tu attendisses
qu' il/elle portât	qu'il/elle finît	qu'il/elle attendît
que nous portassions	que nous finissions	que nous attendissions
que vous portassiez	que vous finissiez	que vous attendissiez
qu'ils/elles portassent	qu'ils/elles finissent	qu'ils/elles attendissent

LE PLUS-QUE-PARFAIT DU SUBJONCTIF

Le plus-que-parfait du subjonctif est formé par l'imparfait du subjonctif du verbe auxiliaire (**avoir** ou **être**) et le **participe passé** du verbe principal:

> que j'eusse porté; que tu fusses sorti(e); que vous eussiez attendu

B. Emploi

Des quatre temps du subjonctif, deux ne sont pratiquement jamais employés dans la conversation: l'imparfait et le plus-que-parfait. Même dans la langue littéraire, les auteurs modernes ont tendance à les éviter. Au subjonctif, l'imparfait est généralement remplacé par le présent, et le plus-que-parfait par le passé. Il est cependant indispensable de savoir au moins reconnaître ces deux temps aujourd'hui en décadence, que l'on rencontre souvent chez les écrivains classiques. Leurs emplois les plus fréquents sont indiqués ci-dessous entre parenthèses.

27. Concordance des temps au subjonctif

A. Le subjonctif déterminé par une attitude subjective

La question de la concordance des temps au subjonctif est très compliquée. Grâce au subjonctif, on peut exprimer des nuances parfois très subtiles; il n'est pas nécessaire de les indiquer toutes ici. Le tableau ci-dessous résume la concordance des temps au subjonctif:

	VERBE PRINCIPAL AU PRÉSENT DE L'INDICATIF OU AU FUTUR DE L'INDICATIF	VERBE PRINCIPAL À UN TEMPS PASSÉ DE L'INDICATIF, OU AU CONDITIONNEL
ACTION SUBORDONNÉE SIMULTANÉE OU POSTÉRIEURE À L'ACTION PRINCIPALE	**Présent** du subjonctif	**Présent (imparfait)** du subjonctif
ACTION SUBORDONNÉE ANTÉRIEURE À L'ACTION PRINCIPALE	**Passé** du subjonctif	**Passé (plus-que-parfait)** du subjonctif

1. Avec une principale au présent ou au futur de l'indicatif:

   a. Si l'action subordonnée est simultanée ou postérieure à l'action principale, la subordonnée est au présent du subjonctif:

   Je demanderai qu'il **vienne**.
   I'll ask that he comes (immediately or later).

   Je doute qu'il **vienne**.
   I doubt that he is coming (will come).

   Connaissez-vous quelqu'un qui **soit** capable de le faire?
   Do you know someone who can (will be able to) do it?

   Trouverez-vous quelqu'un qui **soit** capable de le faire?
   Will you find someone who will be able to do it (immediately or later)?

   Il continue quelle que **soit** sa fatigue.
   He goes on, however tired he is.

   Il continuera quelle que **soit** sa fatigue
   He will go on, however tired he is (will be).

b. Si l'action subordonnée est antérieure à l'action principale, la subordonnée est au passé du subjonctif:

Je doute (douterai) qu'il **soit venu.**
I doubt (shall doubt) that he came (has come).

Je regrette (regretterai) qu'il **ait oublié.**
I regret (shall regret) that he forgot (has forgotten).

Elle est très forte en mathématiques à présent, **quelque** faible **qu'elle ait été** au lycée.
She is very strong in mathematics now, however weak she may have been in high school.

2. Avec une principale à un temps passé de l'indicatif (nous choisissons l'imparfait pour les exemples qui suivent) ou au conditionnel:

a. Si l'action subordonnée est simultanée ou postérieure à l'action principale, la subordonnée est au présent (imparfait) du subjonctif:

Je voulais qu'il **vienne (vînt).**
I wanted him to come (immediately or later).

Je voudrais qu'il **vienne (vînt).**
I would like him to come (immediately or later).

J'aurais voulu qu'il **vienne (vînt).**
I would have liked him to come (then or later).

Je cherchais quelqu'un qui **puisse (pût)** le **faire.**
I was looking for someone who could do it (then or later).

Il continuait quelle que **soit (fût)** sa fatigue.
He went on, however tired he might have been.

Il aurait réussi où que ce **soit (fût).**
He would have succeeded (then or later) wherever it might be.

b. Si l'action subordonnée est antérieure à l'action principale, la subordonnée est au passé (plus-que-parfait) du subjonctif:

Je regrettais qu'il ne **soit (fût)** pas **venu.**
I regretted that he had not come.

Je regretterais qu'il ne **soit (fût)** pas **venu.**
I would regret that he did not come.

J'aurais regretté qu'il ne **soit (fût)** pas **venu.**
I would have regretted that he did not come.

Je cherchais quelqu'un qui **ait (eût) connu** ma sœur.
I was looking for someone who might have known my sister.

Il l'aurait retrouvée où qu'elle se **soit (fût) cachée.**
He would have found her wherever she might have hidden.

Pour réussir, il aurait fallu que vous **ayez (eussiez) travaillé.**
In order to succeed, it would have been necessary for you to work.

B. **Le subjonctif déterminé par une conjonction**

Concordance des temps dans les propositions subordonnées introduites par une conjonction exigeant le subjonctif (voir A, p. 66):

1. Quand le verbe de la principale est au présent, au futur de l'indicatif ou au conditionnel présent, les règles indiquées à A, p. 73 s'appliquent:

   Je vais au cinéma quoique le film **soit** mauvais.
   I am going to the movies, although the film is bad.

   Je n'irai pas au cinéma bien que ma sœur **veuille** y aller.
   I am not going to the movies, although my sister wants to go.

   Je devrais le lui écrire pour qu'elle le **sache** (**sût**).
   I should write it to her, so that she may know it.

   Je vais au cinéma bien que le film n'**ait** pas **reçu** de bonnes critiques.
   I am going to the movies, although the film did not receive good reviews.

   J'irai au cinéma quoique le film n'**ait** pas **reçu** de bonnes critiques.
   *I will go to the movies, although the film **did** not **receive** good reviews.*

2. Quand le verbe de la proposition principale est à un temps passé de l'indicatif ou au passé du conditionnel:

   a. Avec les conjonctions **afin que, pour que, de crainte que, de peur que,** la subordonnée est au présent (imparfait) **du subjonctif.** Si, cependant, il est nécessaire d'indiquer que l'action de la subordonnée est antérieure à l'action principale, il faut employer le passé (plus-que-parfait) du subjonctif:

   Il expliquait afin (pour) qu'elle **comprenne** (**comprît**).
   He explained, so that she might understand (immediately or later).

   Il expliquait encore de crainte (de peur) qu'elle n'**ait** (**eût**) pas encore **compris.**
   He kept explaining for fear that she might not have understood yet.

   b. Avec les autres conjonctions, le verbe est généralement au passé (plus-que-parfait) du subjonctif.

   Il expliquait bien qu'elle **ait** (**eût**) déjà **compris.**
   He explained although she had already understood.

   Non que ce travail **ait** (**eût**) été difficile, mais Pierre était paresseux.
   Not that this work was difficult, but Pierre was lazy.

Pour traduire

1. Avant de traduire une phrase anglaise en employant un subjonctif francais, il faut s'assurer que le français exige (ou tout du moins permet) un subjonctif. Une fois certain, il faut décider quel verbe mettre au subjonctif. Cela n'est pas toujours évident:

   I am afraid he will not come.

   Si le contexte implique simplement le futur, c'est le verbe *to come* qui sera au subjonctif. Si le contexte implique une volonté, c'est le verbe *will (want to)* qui sera au subjonctif. La phrase a donc deux traductions possibles et seul le contexte permet de savoir laquelle est juste:

   J'ai peur qu'il ne **vienne** pas.
   J'ai peur qu'il ne **veuille** pas venir.

   De même la phrase: *I am afraid he may not come*, peut indiquer la possibilité ou l'interdiction:

   J'ai peur qu'il ne **vienne** (peut-être) pas. (possibilité)
   J'ai peur qu'il ne **puisse** pas venir. (interdiction)

   De même la phrase: *It is fitting that he should do this*, peut indiquer le jugement ou l'obligation:

   Il est convenable qu'il le **fasse**. (jugement)
   Il est convenable qu'il **doive** le faire. (obligation)

2. Une fois l'usage du subjonctif décidé, il faut s'assurer de la chronologie qui existe entre la proposition principale et la proposition subordonnée. C'est alors que l'on peut savoir si la subordonnée doit être au présent ou au passé du subjonctif.

3. On remarquera qu'au subjonctif le style de la conversation n'a pas de plus-que-parfait et utilise le passé. Le passé traduit donc le *pluperfect* anglais:

   He worked although he had not been paid.
   Il a travaillé bien qu'il n'**ait** pas **été payé**.

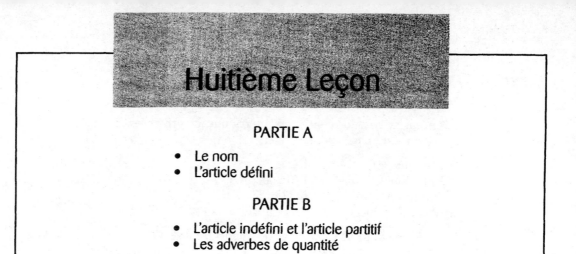

Huitième Leçon

PARTIE A

- Le nom
- L'article défini

PARTIE B

- L'article indéfini et l'article partitif
- Les adverbes de quantité

PARTIE A

28. Le nom

A. Emploi

Le **nom** ou **substantif** désigne une personne, un lieu un objet ou une abstraction. En français, le nom est soit masculin, soit féminin et varie en nombre (singulier ou pluriel). Il est presque toujours accompagné d'un article défini ou indéfini. Les déterminants (articles, adjectifs) qui accompagnent le nom s'accordent en genre et en nombre avec le nom qu'ils modifient. Le nom peut servir de sujet, de complément d'objet direct ou de complément d'objet indirect.

B. Le genre des noms

Il n'existe guère de règles absolues permettant de reconnaître le genre des noms. Quelques principes généraux sont cependant utiles à connaître.

1. Les noms généralement féminins sont:

    a. Les noms qui désignent des personnes ou des animaux de sexe féminin:

la femme	la vendeuse	l'infirmière	la jument	la guenon
la fille	la blonde	la reine	la poule	la vache
la servante				

    b. Les noms ayant pour terminaison un e muet précédé d'une voyelle ou d'une double consonne:

la rue	la balle	la pomme
la patrie	la ville	la cigarette

c. Les noms abstraits ayant pour terminaison **-té, -tié** ou **-eur**:

la santé	la pitié	la chaleur
la liberté	l'amitié	l'ardeur

Mais: le côté, le comité, un honneur

d. Les noms de pays, de continents, de régions, de provinces, de montagnes ayant pour terminaison un e muet:

la Belgique	l'Asie	la Bourgogne
la Roumanie	l'Afrique	la Normandie
les Hautes-Alpes	la Floride	
les Basses-Pyrénées	la Californie	

Mais: le Mexique, le Cambodge, le Tennessee, le Zaïre

e. Les noms ayant pour terminaison **-son, -ion, -ance, -ence, -ière, -oire**:

la raison	la chance	la prière
l'admiration	la régence	la baignoire

2. Les noms généralement masculins sont:

a. Les noms qui désignent des personnes ou des animaux de sexe masculin:

l'homme	le vendeur	l'infirmier	le cheval	le singe
le garçon	le blond	le roi	le coq	le taureau
le serviteur				

b. Les noms ayant pour terminaison une voyelle autre que e muet (excepté ceux qui se terminent par **-té** et par **-tié**):

le cinéma, le café, le parti, le piano, le seau

c. Les noms ayant pour terminaison **-isme** ou **-asme**:

le cynisme, le communisme, le marasme, le pléonasme

d. Les noms de pays, de régions, de provinces, de montagnes, de fleuves n'ayant pas e muet pour terminaison:

le Japon	le Languedoc	le Haut Atlas
le Chili	le Texas	le Nil
le Sahara	le Moyen-Orient	le Mississippi
le Nebraska	le Far-West	le Congo

e. La plupart des noms ayant pour terminaison une consonne:

le lac, le fil, le vin, le bar, le bas, le lit, le riz

3. Quand un nom peut avoir une forme masculine et une forme féminine, la forme féminine est le plus souvent formée en ajoutant un e muet à la forme masculine:

le cousin	l'étudiant	le Chinois	l'avocat
la cousine	l'étudiante	la Chinoise	l'avocate

L'adjonction de l' e peut entraîner des changements non seulement phonétiques, mais aussi orthographiques:

a. Le **p** et le **f** finaux se changent en **v:**

le loup	le Juif	le veuf
la lou**v**e	la Jui**v**e	la veu**v**e

b. L' **x** se change en **s:**

l'épou**x**	l'épou**s**e

c. Pour les noms à terminaison -**er**, le féminin donne -**ère:**

le fermi**er**	l'infirmi**er**	le berg**er**
la fermi**ère**	l'infirmi**ère**	la berg**ère**

d. Souvent, la consonne finale d'un mot masculin se double:

le chat	le baron
la cha**tte**	la baro**nne**

4. Pour indiquer une personne qui se livre à une activité, certains noms ont, au masculin, la terminaison -**eur** (le vol**eur:** l'homme qui vole; le vend**eur:** l'homme qui vend; le serv**eur:** l'homme qui sert). Au féminin, la plupart de ces noms ont pour terminaison -**euse** (la vol**euse:** la femme qui vole; la vend**euse;** la serv**euse**).

De même, les noms ayant pour terminaison -**teur** au masculin ont généralement la terminaison -**trice** au féminin:

un ac**teur**	un admira**teur**	le direc**teur**	le specta**teur**
une ac**trice**	une admira**trice**	la direc**trice**	la specta**trice**

C. Le pluriel des noms[1]

1. La plupart des noms forment leur pluriel en ajoutant **s** au singulier. Cependant, les noms ayant pour terminaisons **s, x** ou **z** au singulier ne changent pas au pluriel:

le lac	la jument	la baignoire	le voleur
les lac**s**	les jument**s**	les baignoire**s**	les voleur**s**

le / les } bas	le / les } prix	le / les } nez

2. Les noms qui forment leur pluriel en ajoutant **x** au singulier sont:

a. La plupart des noms ayant pour terminaison -**au** ou -**eu:**

le bateau	le seau	le neveu	le cheveu
les bateau**x**	les seau**x**	les neveu**x**	les cheveu**x**

---

[1]Certains noms ne possèdent pas de singulier:

les annales (*the annals*)	les entrailles (*bowels*)	les fiançailles (*engagement*)
les archives (*the archives*)	les environs (*the vicinity*)	les ténèbres (*darkness*)
les bestiaux (*livestock, cattle*)	les mœurs (*morals, habits*)	les vivres (*supplies, provisions*)

b. Sept noms ayant la terminaison **-ou** au singulier:

les bij**oux**   les p**oux**   les hib**oux**   les ch**oux**
les caill**oux**   les gen**oux**   les jouj**oux**

3. La plupart des noms ayant au singulier la terminaison **-al** ou **-ail** ont au pluriel la terminaison **-aux**:

le journal   le général   le travail   l'émail
les journ**aux** les génér**aux** les trav**aux** les ém**aux**

4. Les noms propres ne varient généralement pas au pluriel:

J'ai rencontré les Dupont et les Leroy chez les Martin,

sauf lorsqu'ils désignent des œuvres d'artistes:

Au Louvre, j'ai vu deux Goyas, quelques Rembrandts et plusieurs La Tours.

5. Le pluriel des noms composés:

a. Quand les éléments qui composent le nom sont soudés (c'est-à-dire lorsqu'ils ne sont pas reliés par un trait d'union), le nom est traité comme un nom simple:[1]

les portemanteaux, les gendarmes, les contremarches

b. Quand les éléments sont séparés, c'est-à-dire lorsqu'ils sont reliés par un trait d'union, l'analyse est souvent difficile. Parmi les cas possibles, retenons:

Les noms composés formés d'un adjectif et d'un nom (le **grand-père**) ou d'un nom et d'un nom en apposition (le **chou-fleur**). Les deux éléments sont mis au pluriel:

les grands-pères   les wagons-restaurants
les grands-mères *(sic)*   les belles-filles
les choux-fleurs   les sergents-chefs
les plates-bandes

Les noms composés formés par deux noms reliés par une préposition (même sous-entendue). Seul le premier nom est mis au pluriel:

les chefs-**d'**oeuvre   les timbres-poste
les arcs-**en**-ciel   (les timbres [**de**] poste)
les chemins **de** fer

Les noms composés qui contiennent un verbe (le **tire-bouchon**, le **porte-clé**), un **adverbe** (le **bien**-aimé) ou une préposition (l'**avant**-scène, l'**arrière**-garde). Le nom sera mis au pluriel s'il peut avoir un sens pluriel:

les tire-bouchons, les bien-aimés, les avant-scènes

Mais: les porte-monnaie (portent **la** monnaie, non **les** monnaies)
     les gratte-ciel (grattent **le** ciel, non **les** cieux)
     les coupe-papier (coupent **le** papier, non **les** papiers)

---

[1] On dit cependant Mesdames, Mesdemoiselles, Messieurs.

Pour traduire

Certains noms sont soit masculins, soit féminins selon leur sens:

un critique	*a critic*	une critique	*a criticism*
un manœuvre	*an unskilled laborer*	une manœuvre	*a scheme*
un manche	*a handle*	une manche	*a sleeve*
un mode	*a mode, as in music*	une mode	*a fashion*
un voile	*a veil*	une voile	*a sail*
un livre	*a book*	une livre	*a pound*
le vase	*the vase*	la vase	*the mud*
le poste	*the post, the job, the station (as in battle-station)*	la poste	*the mail*

29. L'article défini

A. Formes

L'article défini a trois formes:

Le s'emploie avec les noms masculins singuliers.
La s'emploie avec les noms féminins singuliers.
Les s'emploie avec les noms masculins et féminins pluriels.

Devant un mot commençant par une voyelle ou un **h** muet, les articles définis **le** et **la** présentent la forme élidée **l'**:

l'ami	l'enfant	l'énorme chambre	l'hôpital
l'amie	l'odeur	l'ancien élève	l'héroïne

Mais: le héros, la honte

1. Avec les prépositions **à** et **de**, les articles définis **le** et **les** ont les formes contractées **au, du, aux, des**:

au garçon	**des** garçons	**des** héroïnes
du garçon	**aux** filles	**aux** anciens élèves
aux garçons	**aux** hôpitaux	**des** idées

2. L'élision prime la contraction. En d'autres termes, **l'** ne présente jamais de forme contractée:

à l'ami	à l'ancien élève
de l'enfant	à l'hôpital
de l'énorme chambre	

B. Emploi

L'article défini, comme son nom l'indique, s'emploie avec un nom dont l'existence est définie, spécifique ou connue. Les règles qui gouvernent l'emploi ou l'omission de l'article défini sont complexes. On emploie généralement l'article défini:

1. Devant les noms employés dans un sens général:

>En France, **le** pain et **la** bière ne sont pas chers.
>**Les** enfants aiment **les** animaux.
>**Les** paysans se lèvent tôt **le** matin.

2. Devant les noms abstraits et notamment:

   a. Les noms de langues ou de disciplines:

   >J'aime **la** biologie, mais je préfère l'algèbre et **le** droit.
   >Il connaît déjà l'espagnol et il étudie **le** russe et **le** grec.

   Mais on peut omettre l'article après le verbe **parler**, surtout lorsque le nom de la langue suit immédiatement ce verbe:

   >Je voudrais **parler** français.
   >Je voudrais **parler** japonais couramment.
   >Je voudrais **parler** couramment **le** japonais.
   >Je ne **parle** pas (**le**) suédois.

   b. Les noms de pays, de provinces, de régions, de continents, de fleuves, de montagnes:

   >**Le** Nebraska et **la** Floride sont des états **des** États-Unis.
   >**La** France et **le** Danemark font partie de l'Europe.
   >**Les** Andes forment la frontière entre le Chili et l'Argentine.
   >**Le** Nil est en Égypte, et **la** Loire est un fleuve de France.
   >(Voir C:1, p. 83, et 2:c, p. 84.)

3. Les jours de la semaine, dans un sens général ou habituel:

   >Ma classe de latin est **le lundi**, **le mercredi** et **le vendredi**. (C'est-à-dire que
   >   chaque semaine, j'ai classe les jours indiqués.)
   >Je déjeune chez ma sœur **le vendredi**. (Habituellement, chaque semaine.)

   Mais on omet l'article quand il s'agit d'un jour particulier:

   >J'ai vu Simone **lundi** et je verrai sa sœur **vendredi**.

4. Les titres ou les adjectifs qualifiant un nom propre:

   >**L'empereur** Napoléon épousa **la princesse** Marie-Louise.
   >**Le docteur** Dupont et **le professeur** Leroy sont les cousins **du président**
   >   Lebrun.
   >*La Belle Hélène* est une opérette **du célèbre** Offenbach.

   On omet l'article défini avec **monsieur**, **madame** et **mademoiselle**:

   >En me promenant avec monsieur Dupont, j'ai rencontré madame Leroy et sa fille, mademoiselle Hélène.

Par ailleurs, lorsqu'on s'adresse à une personne en l'appellant par son titre, les formes sont purement conventionnelles. On dit, par exemple:

Bonjour, {
Professeur Dupont.
mon capitaine.
Maître Dupont (à un avocat).
Docteur Dupont.
Maître, Docteur, Excellence, etc.

Mais: Bonjour, {
Monsieur le professeur.
Monsieur le président.
Monsieur le curé.
Monsieur l'agent.
Madame la duchesse, etc.

5. Les expressions de quantité lorsqu'il s'agit de prix:

Les tomates coûtent deux francs **le kilo**, les œufs trois francs **la douzaine** et le lait deux francs cinquante **le litre**.

6. Pour remplacer l'adjectif possessif qualifiant les parties du corps, lorsqu'il n'y a pas d'ambiguïté quant au possesseur:

Elle se lava **les mains**.
L'athlète pliait **les genoux** en levant **les bras**.

L'ambiguïté possible quant au possesseur est évitée par l'emploi approprié du pronom complément d'objet:

L'infirmière **lui** essuya le front.

On emploie cependant l'adjectif possessif lorsque la partie du corps est **qualifiée**:

L'athlète pliait les genoux en levant **ses bras musclés**.

Mais: Elle a levé **la main droite**. (Les adjectifs **droit** et **gauche** précisent [plutôt que qualifient] la partie du corps).

C. **Omission de l'article défini:**

1. Après la préposition **en**:

Nous partons bientôt **en** vacances.
Traduisez cette phase **en** français.
Il est très fort **en** mathématiques.
L'avion s'est posé **en** Espagne, puis au Portugal avant de repartir pour l'Afrique.
(Voir E, p. 158-159.)

Sauf dans certaines expressions idiomatiques, telles que: **en l'honneur de, en l'air, en l'absence de, en l'an,** etc.

2. Après la préposition **de** dans les cas suivants:

   a. Dans certaines expressions verbales comportant la préposition **de** (**se passer de** [*to do without*], **accuser de**, **manquer de** [*to lack*], **avoir besoin de** [*to need*], **avoir envie de** [*to feel like*], etc.), si le nom qui suit est employé dans un sens général ou partitif:

   Avez-vous **besoin d'argent?** (sens général ou partitif)
   L'homme ne peut **se passer de** nourriture.
   Le général a été **accusé d'incompétence**.
   Je **n'ai** pas **envie de** thé, j'**ai envie de** café.
   Votre fils **ne manque** pas **de** courage, il **manque d'application**.

   Mais: Si le nom est qualifié, on garde l'article défini:

   Avez-vous **besoin de l'argent** que je vous dois? (sens déterminé).

   L'homme ne peut **se passer de la nourriture** que son organisme réclame.

   Le général a été **accusé de l'incompétence** la plus totale.

   Je n'ai pas **envie du thé** que vous m'offrez, j'**ai envie du café** que vous m'avez fait l'autre jour.

   b. Après les adverbes et les noms qui expriment la quantité:

   un kilo de café
   une douzaine d'œufs
   beaucoup de paquets
   un peu de courage
   (Voir 31, p. 88-89.)

   trop de travail
   autant de chagrin
   combien de personnes?
   etc.

   L'article est cependant obligatoire avec les expressions **bien de, encore de** et **la plupart de** lorsqu'elles précèdent immédiatement le nom:

   La **plupart des** Français et **bien des** étrangers ont lu Molière.
   Donnez-moi **encore de la** viande et **encore de** cette sauce.

   c. Introduisant un nom de pays féminin, non modifié:

   Je viens de France.
   Le roi d'Angleterre
   Mais: Je viens du Japon. (masculin)
   Les pharaons de l'ancienne Égypte. (féminin modifié)

   d. Dans certaines expressions adverbiales:

   Il crie de douleur.
   Elle dansait de joie.
   Nous mourons de soif.

   He screams with pain.
   She danced with joy.
   We are dying of thirst.

3. Avec les noms en apposition qui caractérisent sans particulariser:

   Le professeur Dupont, **membre** de l'Académie, a quitté Paris hier; son fils, **le ministre** des finances, **orateur** réputé, l'accompagnait.

   (Les noms en apposition **membre** et **orateur** ne particularisent pas. Le nom **ministre** particularise: il indique qu'il s'agit du fils qui est ministre et non pas d'un autre fils.)

4. Avec les noms de villes, à moins que le nom soit qualifié:

> Paris est une belle ville.
> Je vais à Paris.

Mais: **Le** Paris **du XIX**ᵉ siècle a été transformé par le baron Haussmann.
Je pense **au** Paris de ma jeunesse.

D. Le nom de certaines villes comporte un article défini (avec une majuscule) qui n'est jamais omis:

Le Havre	La Havane	La Haye (*The Hague*)
au Havre	à La Havane	à La Haye
du Havre	de La Havane	de La Haye
La Rochelle	La Nouvelle-Orléans	Le Caire (*Cairo*)
à La Rochelle	à La Nouvelle-Orléans	au Caire
de La Rochelle	de La Nouvelle-Orléans	du Caire

Pour traduire

1. L'expression anglaise *one of them* se traduit par l'**un d'eux** ou l'**une d'elles**.

2. Lorsqu'il s'agit de jours de la semaine, la préposition anglaise *on* ne se traduit pas:

I play tennis on Thursdays.	Je joue au tennis le jeudi.
I'm going to play tennis on Monday.	Je vais jouer au tennis lundi.

3. Parfois, un nom français est pris dans un sens général et donc s'emploie avec l'article défini, alors qu'en anglais il est pris dans un sens particulier et s'emploie avec un article indéfini:

> *Would you like to have a drink (before dinner) with me?*
> Voulez-vous prendre l'apéritif avec moi?

> *I'm taking a plane, not a bus.*
> Je prends l'avion, pas l'autocar.

> *Cigarettes are two dollars a pack and twenty dollars a carton.*
> Les cigarettes coûtent dix francs **le** paquet et cent francs **la** cartouche.

PARTIE B

30. L'article indéfini et l'article partitif

A. Formes

1. Les articles indéfinis singuliers **un** et **une** ont une forme plurielle commune, **des**:

un garçon, **des** garçons   **une** fille, **des** filles

2. **L'article partitif:**

Les formes de l'article partitif sont **du, de la, de l'** et **des**. On voit que l'article partitif est formé par la préposition de plus l'article défini (**du** = de + le, **des** = de + les):

> L'ancien combattant a raconté **des** histoires de guerre aux enfants.
> On voyait qu'il avait **du** courage.
> Prenez-vous **de la** crème dans votre café?

Il existe aussi une forme **de** élidée en **d'** devant une voyelle ou un **h** muet qui s'emploie:

a. Généralement, quand le nom partitif est le complément d'objet direct d'un verbe au négatif, excepté **être**, qui exige toujours les formes **du, de la**, etc.:

> Elle n'a guère **de** patience, mais elle a du courage.
> Il n'y a pas **d'**autocars pour Strasbourg, mais il y a des trains.
> Je ne veux pas **d'**excuses, je veux des résultats.
> Il n'écrit jamais **de** poèmes; il écrit des essais.

> Mais: Le vol et l'escroquerie ne sont pas **des** crimes aussi graves que le meurtre.
> Ce n'était pas **de la** musique, c'était du bruit.

Cependant, on rajoute l'article défini lorsque le nom partitif est qualifié:

> Je ne veux pas **de la** tarte que tu as apportée.

b. Devant un adjectif pluriel:

> Il y a **de** grandes assiettes et **de** riches gobelets sur la table.
> Voici **de** belles pommes et **d'**énormes tomates.
> Il y eut **d'**horribles batailles pendant la guerre.

Cependant, la forme **des**, tolérée dans tous les cas, devient obligatoire lorsque l'adjectif et le nom forment une sorte de nom composé, c'est-à-dire lorsque l'adjectif fait partie intégrante de l'idée exprimée. Par exemple, **vieille maison** exprime deux idées: celle de **maison** et celle de **vieillesse**. Par contre, **vieille fille** (*spinster*) exprime une seule idée. De même, **petite maison** (deux idées) et **petit pain** (*roll, bun*) une seule idée. On dira donc généralement:

> **de** vieilles maisons, **de** petites maisons

> Mais: **des** vieilles filles, **des** petits pains.

c. Dans les cas indiqués à B:2, p. 86, on remarquera que la préposition **de** et l'article partitif **de** se confondent.

B. Définitions

1. **L'article indéfini**, comme son nom l'indique, s'emploie devant un nom dont l'existence est générale, vague ou indéfinie.

2. **L'article partitif**, comme son nom indique, exprime l'idée de partie. On emploie un partitif pour indiquer qu'il s'agit seulement d'une partie d'un tout. Ainsi, lorsqu'on dit:

> Donnez-moi **du** pain et **des** oranges,

on veut dire **une certaine quantité** de pain, **un certain nombre** d'oranges.

De même dans le cas d'un nom abstrait:

> Pour réussir, il faut **de la** patience, **de l'**audace et **du** tact.

3. Il n'existe pas d'article partitif ni d'article indéfini pluriel en anglais, mais les adjectifs *some* ou *any* peuvent jouer ce rôle; ils sont souvent sous-entendus:

> J'ai vu **un** garçon et **une** fille jouer avec **des** cubes.
> *I saw a boy and a girl playing with (some) blocks.*

> Il a **des** pommes et **du** fromage; avez-vous **du** pain?
> *He has (some) apples and (some) cheese; do you have (any) bread?*

C. Emploi

En général, les formes du partitif **du, de la, de l'** et **des** s'emploient lorsque le nom est déterminé. L'article indéfini ou partitif s'omet:

1. Généralement, devant un attribut qui joue le rôle d'un adjectif (par exemple, les noms de professions, de nationalités, les titres, etc.):

> Nous sommes peintres.
> Il est nommé président.
> Nous devenons amis.
> Tu es Française.

Par contre, si ce nom est déterminé, il ne joue plus le rôle d'un adjectif et l'article est exigé:

> Nous sommes **des** peintres **abstraits**.
> Nous sommes **de bons** peintres.
> C'est **un** président **très compétent**.
> Nous sommes devenus **d'excellents** amis.
> Nous sommes devenus **des** amis **intimes**.

2. Après la préposition **sans**:

> Il est resté sans argent et sans travail.

Si l'on emploie l'article indéfini singulier, cela équivaut à dire **pas un seul**:

> Il m'a écouté **sans un** mot et **sans un** geste.

(Voir 6, p. 88.)

3. Généralement, avec la conjonction **ni ... ni**:

> Je n'ai ni cigarettes ni allumettes.
> La devise des anarchistes est: "Ni Dieu ni maître".

Si l'on emploie l'article indéfini singulier, cela équivaut à dire **pas un seul**:

> Je n'ai **ni une** cigarette **ni une** allumette.[1]

---

[1] L'emploi de l'article indéfini pluriel est permis, mais peu fréquent:

> Je n'ai **ni (des)** cigarettes **ni (des)** allumettes.

Mais on garde l'**article défini** avec la conjonction **ni ... ni**.

> Je n'ai **ni le** temps **ni l'**énergie de le faire.

4. Avec les locutions verbales **avoir besoin de, se passer de, avoir envie de, manquer de,** etc., on doit employer la préposition **de**:

> Je ne peux me passer **ni de** cigarettes **ni de** café.
> Je n'ai envie **ni de** vin **ni de** bière.
> Pour être heureux, il ne faut manquer **ni de** travail **ni de** loisirs.

5. Dans les locutions adverbiales composées de la préposition **avec** et d'un nom abstrait:

> Travaillez **avec** soin, **avec** méthode, **avec** enthousiasme et vous travaillerez **avec** plaisir et **avec** profit.

Mais: Il travaille **avec des** amis.

Dans l'exemple qui précède, **avec soin, avec méthode,** etc., sont de véritables locutions adverbiales: on pourrait les remplacer par **soigneusement, méthodiquement,** etc. **Avec** peut également être suivi d'un nom abstrait introduit par l'article partitif:

> **Avec de la** patience, **de l'**audace et **du** tact, tout est possible.

Cela équivaut à dire **au moyen de, en se servant de, grâce à**.

(Voir 6, ci-dessus, p. 88.)

6. Cependant, après la préposition **sans**, dans les locutions adverbiales composées de la préposition **avec** et d'un nom abstrait, avec la conjonction **ni ... ni ...,** avec certaines locutions verbales, l'article (défini, indéfini ou partitif selon le cas) est employé lorsqu'il s'agit d'un nom **déterminé**:

> Il est resté **sans l'**argent qu'il avait économisé et **sans le** travail qu'il espérait.
> Travaillez **avec un** soin constant et **avec une** méthode rigoureuse.
> Je n'ai **ni des** cigarettes américaines **ni des** cigares à cinq francs.
> Ils ne m'ont jamais demandé de faire **ni des** travaux trop pénibles **ni des** heures supplémentaires le dimanche.
> J'ai besoin **de la** veste que je vous ai prêtée hier.

31. Les adverbes de quantité

A. Emploi

Les adverbes de quantité les plus communs sont:

assez	*enough*	plus	*more*
autant	*as many, as much*	tant	*so many, so much*
beaucoup	*many, a lot of*	tellement	*so many, so much*
combien	*how many, how much*	trop	*too many, too much*
davantage	*more*	aussi	*so*
guère	*hardly*	si	*so*
moins	*fewer, less*	presque	*almost*
peu	*few, little*	très	*very*
un peu	*a little*		

Les averbes de quantité exigent la préposition **de** quand ils introduisent un nom
(voir 2:b, p. 84):

> J'ai **beaucoup de** livres et pas **assez de** place.
> Il n'a **guère de** tact, mais il a **tant d'**intelligence!
> Voulez-vous **un peu de** sucre? **Combien de** morceaux?

Remarquer que les adverbes **aussi, si, presque,** et **très** n'introduisent qu'un adjectif
ou un adverbe et donc n'exigent pas de préposition.

B. Les expressions de quantité attributs

Les expressions de quantité, c'est-à-dire les noms de quantité (**une foule, une
douzaine,** etc.), les nombres (**deux, mille,** etc.), les adjectifs modifiés par un **article
partitif** (**de beaux, d'intéressants,** etc.) ou les adverbes de quantité (**beaucoup, moins,**
etc.) exigent le pronom partitif **en** quand elles sont attributs:

> Comme j'aime les pommes, j'**en** achèterai **une douzaine.** (nom de quantité)
> Ces bonbons sont excellents; prenez-**en deux** ou **trois.** (nombre)
> J'adore les histoires marseillaises; **en** connaissez-vous **de nouvelles?**
>   (adjectif modifié par un article partitif)

> -Avez-vous de l'argent?
> -Oui, j'**en** ai **un peu,** mais je n'**en** ai pas **autant** que vous. (adverbes)

(Voir 2, p. 106.)

Pour traduire

1. Les adverbes de quantité **autant, beaucoup, combien, moins, peu, tant, tellement**
   et **trop** se traduisent différemment en anglais selon qu'il s'agisse d'une quantité
   ou d'un nombre:

   > J'ai **autant** de courage que vous.
   > *I have as **much** courage as you.*

   > J'ai **autant** de soucis que vous.
   > *I have as **many** worries as you.*

   > J'ai **trop** de travail.
   > *I have too **much** work.*

   > J'ai **trop** de responsabilitiés.
   > *I have too **many** responsibilités.*

2. **Bien de + article défini** peut remplacer **beaucoup de:**

   > J'ai **beaucoup de** (bien de la) peine et **beaucoup de** (bien du) chagrin.
   > Nous connaissons **beaucoup d'**(biens des) histoires marseillaises.

3. Contrairement à ce qui se passe en anglais, **beaucoup** ne peut pas être modifié
   par un autre adverbe de quantité:

Thank you very much.	*I have very many friends.*
Merci beaucoup.	J'ai beaucoup d'amis.

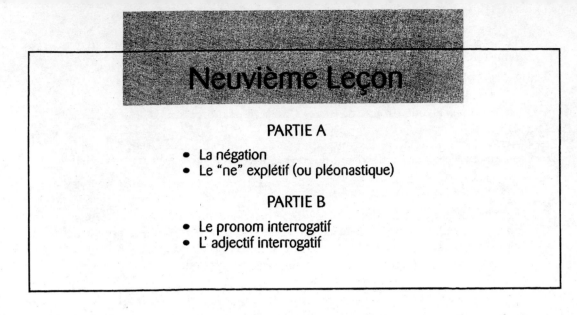

Neuvième Leçon

PARTIE A

- La négation
- Le "ne" explétif (ou pléonastique)

PARTIE B

- Le pronom interrogatif
- L' adjectif interrogatif

PARTIE A

32. La négation

A. Formation

1. Les négations sont:

ne ... pas	ne ... plus	ne ... personne
ne ... guère	ne ... jamais	ne ... rien
ne ... point[1]		
ne ... ni ... ni	ne ... nul(le)[2]	
ne ... que	ne ... aucun(e)	

2. Pour toutes les négations autres que **ne ... pas** on omet **pas**:

Il **ne** sait **pas** nager. (*He doesn't know how to swim.*)

Nous **ne** serons **guère** prêts avant dix heures. (*We will hardly be ready before ten.*)

Elles **ne** désirent **plus** déménager. (*They no longer wish to move.*)

Je n'ai **jamais** dit ça ! (*I never said that!*)

Ils **ne** connaissent **personne** à Montréal. (*They don't know anyone in Montreal.*)

Vous **ne** pouvez **rien** faire pour eux? (*You can do nothing for them?*)

Je ne comprends **ni** pourquoi **ni** comment elle a quitté la France. (*I don't understand either why or how she left France.*)

Tu n'as lu **que** trois pièces de Molière ? (*You have only read three plays by Molière?*)

Nous n'avions **aucune** (**nulle**) envie de le contredire. (*We had no wish to contradict him.*)

---

[1]**Ne...point**, synonyme de **ne...pas**, est très rarement utilisé aujourd'hui.

[2]**Ne...nul**, synonyme de **ne...aucun(e)**, est rarement utilisé aujourd'hui.

3. Dans une phrase négative le partitif s'exprime sans l'article défini (voir 2:a, p. 86):

> J'ai **des** remarques à faire.
> Je n'ai pas **de** remarques à faire.
>
> Paul lit **des** articles pour sa thèse.
> Paul ne lit **plus** d'articles pour sa thèse.
>
> Jeanne a écrit **des** lettres au sénateur.
> Jeanne n'a **jamais** écrit de lettres au sénateur.
>
> Marie a **des** amis.
> Marie n'a **guère** d'amis.

B. Emploi

1. L'adverbe de négation **ne ... pas**:

a. Pour mettre un temps simple du verbe au négatif, on le fait précéder de l'adverbe **ne** et suivre de l'adverbe **pas**:

> Je suis fatigué.   Je **ne** suis **pas** fatigué.

Un pronom complément d'objet qui précède le verbe négatif se place entre **ne** et le verbe:

> Vous **ne lui** parlez **pas**.
> **Ne nous** dérangez **pas**.

Quand il y a inversion du verbe et du sujet, **ne** précède le verbe et **pas** suit le pronom sujet:

> **Ne** chantez-vous **pas**?
> **Ne** veut-elle **pas** venir avec nous?

L'élision se produit entre **ne** et une voyelle ou un **h** muet:

> Je **n'**ai **pas** faim.
> Il **n'**hésite **pas**.

b. Pour un temps composé, les remarques ci-dessus s'appliquent au verbe auxiliaire:

> Je **n'**ai **pas** été fatigué.
> Vous **ne** lui avez **pas** parlé.
> **N'**avez-vous **pas** chanté?

c. Pour mettre un infinitif au négatif, on le fait précéder de **ne pas**:

Il trouve toujours une raison de **ne pas** travailler.
Vous pouvez prendre ma voiture à condition de **ne pas** conduire trop vite.
Elle continue à **ne pas** vouloir sortir avec moi.

Dans le cas des verbes **avoir** et **être**, on peut aussi faire précéder l'infinitif par **ne** et le faire suivre par **pas**:

Prenez un sandwich pour **ne pas** avoir faim plus tard.
ou: Prenez un sandwich pour **n'**avoir **pas** faim plus tard.

Vous avez de la chance de **ne pas** être malade.
ou: Vous avez de la chance de **n'**être **pas** malade.

Quand **ne pas** précède l'infinitif, les pronoms compléments d'objet suivent **pas**:

Je vous demande de **ne pas** $\begin{cases} \text{nous regarder.} \\ \text{leur parler.} \\ \text{les lui donner.} \end{cases}$

d. Certains verbes peuvent omettre **pas**. En particulier:

Savoir:	Je ne saurais (pas) vous le dire.
Pouvoir:	Nous regrettons de ne (pas) pouvoir accepter.
Cesser:	Il ne cesse (pas) de pleuvoir.
Oser:	Ils n'osaient (pas) entrer.

2. D'autres adverbes de négation: **ne...guère, ne...plus, ne...jamais,** s'emploient de la même façon que **ne...pas**:

Je ne suis **guère** fatigué.
Je n'ai **plus** faim.
Il n'a **jamais** hésité à exprimer son opinion.

3. Dans une proposition elliptique sans verbe, seule la deuxième partie de l'adverbe de négation est employée, puisque **ne** accompagne obligatoirement un verbe:

Il est Parisien, **pas** Marseillais.

—Vous êtes fatigué? —**Pas** moi.
—Avez-vous faim? —**Plus** maintenant.
—Êtes-vous allé en France? —**Jamais.**[1]
—Voulez-vous déjeuner dans ce restaurant? —Pourquoi **pas**?

Dans une proposition elliptique sans verbe, on peut aussi employer les formes **non pas, non guère, non plus,** plus énergiques:

Il est Parisien, **non pas** Marseillais.
J'aime le poulet, mais **non guère** la dinde.
Cette année, nous étudions le grec et **non plus** le latin.

---

[1]**Jamais** peut être employé seul comme réponse à une question. **Plus** et **pas** ne sont jamais employés seuls:

—Es-tu sorti avec elle? —**Jamais.**
—Sors-tu encore avec elle? —Non, je ne sors **plus** avec elle.
—Sors-tu avec elle ou pas? —Je ne sors **pas** avec elle.

C. Les conjonctions négatives

1. La conjonction **ni** peut joindre deux propositions négatives. Le **pas** négatif est souvent omis dans la première proposition, et presque toujours dans la deuxième:

> Je ne les connais (pas) **ni** ne veux les connaître.

Ni peut aussi joindre deux propositions subordonnées qui dépendent de la même proposition principale négative:

> Il ne faut pas que vous lui parliez **ni** que vous lui écriviez.

Répétée, la conjonction **ni** précède les parties semblables d'une proposition (sujets, verbes, compléments d'objet). Dans ce cas, **pas** est toujours omis:

> **Ni** lui, **ni** elle, **ni** vos amis ne savent l'anglais. (sujets)
> Je ne veux **ni** manger, **ni** boire, **ni** dormir. (verbes)
> Je ne connais **ni** le président **ni** le trésorier. (compléments d'objet)

Remarquer que lorsque **ni** est employé, **ne** doit précéder le verbe.

En général, dans une phrase négative avec **ne ... ni ... ni**, on garde l'article défini du complément d'objet direct, mais on omet l'article indéfini. Par ailleurs le partitif s'exprime sans l'article défini. (voir C:3, p. 87):

> Jean aime **la** bière et **le** vin.
> Jean n'aime **ni** la bière **ni** le vin.

> Les étudiants ont souvent **une** télévision et **une** radio.
> Les étudiants n'ont en général **ni** télévision **ni** radio.

> M. Martin a acheté **des** fleurs et **des** bonbons.
> M. Martin n'a acheté **ni** fleurs **ni** bonbons.

Pour l'usage du pronom personnel tonique avec **ni ... ni**, voir B:6, p. 110.

2. La conjonction **ne ... que**:

On classe souvent **ne ... que** parmi les adverbes, car **ne ... que** signifie **seulement**, **uniquement**. Ne précède le verbe et **que** introduit le mot auquel s'applique la restriction:

> Je **ne** mange **que** des légumes. (seulement des légumes)
> Il **ne** pouvait **qu'**accepter ma proposition. (seulement accepter)

> Il **ne** pouvait accepter **que** ma proposition. (seulement ma proposition)
> Je **ne** connais, parmi toutes ces personnes, **que** Jacques. (seulement Jacques)

On ne peut employer **ne ... que** pour modifier le sujet. Il faut dans ce cas employer l'adjectif **seul** ou l'expression **il n'y a que**:

> Je mange **seulement** des légumes. (modifie le complément d'objet)
> Je **ne** mange **que** des légumes. (modifie le complément d'objet)
> **Seul** Jacques a mangé des légumes. (modifie le sujet)
> **Il n'y a que** moi (que Jacques) qui mange des légumes. (modifie le sujet)

Ne ... que peut introduire un pronom complément d'objet qui, dans ce cas, sera tonique (voir B:2, p. 110).

D. Les pronoms négatifs

Les pronoms négatifs **rien** et **personne**[1] peuvent être sujet ou complément d'objet. Ils exigent que le verbe soit précédé par **ne**:

> **Rien** ni personne **ne** me fera changer d'avis. (sujets)
> Il **ne** veut **rien** comprendre ni écouter **personne**. (compléments d'objets)
> —Qui est là? —**Personne**. (proposition sans verbe)
> —Que désirez-vous? —**Rien**, merci. (proposition sans verbe)

Dans le cas d'un temps composé, rien est placé entre l'auxiliaire et le participe passé ou devant l'infinitif. **Personne** est placé après le participe passé ou après l'infinitif:

> Nous **n'**avons **rien** vu.
> Je vous conseille de **ne rien** dire.
> Nous **n'**avons vu **personne**.
> Il **ne** veut voir **personne**.

Remarquer les expressions **personne de + adjectif** et **rien de + adjectif**:

> Je n'ai **rien d'important** à faire aujourd'hui.
> Il n'y a **personne** ici **de compétent** pour diriger ce programme d'études.

E. Les adjectifs négatifs

Les adjectifs négatifs **aucun, aucune, nul** et **nulle** sont synonymes, bien que **nul** soit rarement employé dans la conversation. Ils peuvent modifier le sujet ou le complément d'objet. Dans les deux cas, ils exigent que le verbe soit précédé de **ne**:

> **Aucune** machine **n'**est capable de penser.
> Je **ne** connais **aucun** homme plus fort que lui.

On peut aussi dire:

> Il n'y a pas de machine qui soit capable de penser.
> Je ne connais personne qui soit plus fort que lui.

F. Combinaison de négatifs

1. Employés ensemble, un négatif adverbial précède un pronom négatif:

> Nous **n'**avons **plus rien** dit.
> Il **ne** m'a **jamais rien** appris.
> Je **ne** l'ai **plus jamais** revu.

2. Les négatifs adverbiaux peuvent se combiner avec **ne ... que**:

> Il n'y a **plus guère que** les érudits qui lisent le grec ancien.

---

[1]Les pronoms **personne** et **rien** sont masculins singuliers:

> **Personne** ici **n'**est français, et cela **n'**a **rien** d'étonnant.

Pour traduire

1. **Jamais** est souvent mis en valeur au début de la phrase. Dans ce cas, **ne** précède encore le verbe, quoi qu'il n'y ait pas inversion du sujet et du verbe comme en anglais:

   Never have I seen such a spectacle.
   Jamais je n'ai vu un tel spectacle.

2. Il faut remarquer que **jamais** est aussi un adverbe traduit en anglais par *ever*. Dans ce sens, il n'est employé, en français comme en anglais, que dans une phrase qui a un verbe:

   Have you ever met Mrs. Dupont? No, never.
   —Avez-vous **jamais** fait la connaissance de Mme Dupont? —Non, jamais.

   If you ever meet her, don't talk to her about me.
   Si **jamais** vous la rencontrez, ne lui parlez pas de moi.

3. L'expression **ne faire que** + infinitif se traduit en anglais par *to + infinitive + all the time* ou par *to do nothing but + infinitive*:

   Ce bébé **ne fait que** pleurer.
   This baby cries all the time.

   Il **ne fait que** jouer toute la journée.
   He does nothing but play all day.

33. Le "ne" explétif (ou pléonastique)

A. Le "ne" explétif s'emploie généralement après les comparaisons d'inégalité:

   Les enfants comprennent **plus** souvent qu'on (**ne**) le pense.
   Cette table est **moins** chère qu'elle (**ne**) paraît.
   Ma note est **meilleure que** je (**ne**) l'espérais.
   La situation semblait **pire que** je (**ne**) craignais.

Mais: Ma note est **aussi** bonne que je l'espérais.

Si le verbe de la proposition principale est négatif, le **ne** explétif disparaît:

   Mes notes ne sont jamais **meilleures que** je l'espérais.
   La situation ne semblait pas **pire que** je craignais.

B. Le "ne" explétif apparaît souvent dans certaines phrases au subjonctif:

1. Après les conjonctions **avant que, à moins que**, etc. (voir B, p. 67):

   L'avion arrivera **avant qu'**il **ne** fasse nuit, **à moins que** les vents **ne** soient contraires.

2. Après les verbes ou les locutions qui expriment la crainte et, par extension, l'empêchement (voir Note[1], p. 61). Le **ne** explétif disparaît au négatif:

> J'ai peur que la guerre **n'**éclate.
> Évitez que ce jeune homme **ne** vienne.

Mais: Je ne crains pas que la guerre éclate.

PARTIE B

34. Le pronom interrogatif

A. Formation

Le pronom interrogatif présente des formes simples et des formes composées. Les formes simples du pronom interrogatif varient selon leur fonction:

		PERSONNES	CHOSES
INTERROGATION DIRECTE	Sujet	qui	qu'est-ce qui
	Complément d'objet	qui	que
	Complément prépositionnel	qui	quoi
INTERROGATION INDIRECTE[1]	Sujet	qui	ce qui
	Complément d'objet	qui	ce que
	Complément prépositionnel	qui	{ (ce) + prép. + quoi
	Complément de de	qui	{ ce dont / (ce) de quoi

Devant une voyelle ou un **h** muet, **que** s'élide en **qu'**; **qui** ne s'élide jamais:

> **Qu'**avez-vous dit?
> Je me demande ce **qu'**il veut.
> **Qui** a dit cela?

---

[1]Une interrogation indirecte est une question contenue dans une proposition déclarative, négative ou impérative:

Qui êtes-vous? (interrogation directe)
Dites-moi qui vous êtes. (interrogation indirecte)
Je ne sais pas qui vous êtes. (interrogation indirecte)

Que désirez-vous? (interrogation directe)
Je vous demande ce que vous désirez. (interrogation indirecte)
Expliquez-moi ce que vous désirez. (interrogation indirecte)

B. Emploi

1. On emploie toujours **qui** lorsque l'antécédent est une personne. Les exemples ci-dessous illustrent les différents cas possibles:

   INTERROGATION DIRECTE

   Qui frappe à la porte? (sujet)
   Qui avez-vous rencontré? (complément d'objet)
   À qui (**de qui, pour qui, contre qui,** etc.) parlez-vous?
      (complément prépositionnel)

Remarquer, dans l'interrogation directe, l'inversion du sujet et du verbe quand **qui** est le complément d'objet ou le complément prépositionnel.

   INTERROGATION INDIRECTE

   Dites-moi **qui** frappe à la porte. (sujet)
   Dites-moi **qui** vous avez rencontré. (complément
      d'objet)
   Je ne sais pas **à qui** (**avec qui, pour qui, contre qui,**
      etc.) vous parlez. (complément prépositionnel)
   Je me demande **de qui** vous parlez. (complément de
      de)

2. Les formes employées lorsque l'antécédent est une chose varient selon leur fonction; les exemples ci-dessous illustrent les différents cas possibles:

   INTERROGATION DIRECTE

   Qu'est-ce qui coûte si cher? (sujet)
   Qu'avez-vous acheté? (complément d'objet)
   À quoi pensez-vous? (complément prépositionnel)
   Avec quoi travaille-t-il? (complément prépositionnel)

Remarquer, dans l'interrogation directe, l'inversion du sujet et du verbe quand **que** est le complément d'objet ou le complément prépositionnel.

   INTERROGATION INDIRECTE

   Je me demande **ce qui** fait ce bruit. (sujet)
   Je me demande **ce que** vous avez acheté. (complément
      d'objet)
   Je me demande **ce à quoi** (**à quoi**) il s'intéresse. (complé-
      ment prépositionnel)
   Je voudrais qu'on m'explique **ce dont** (**ce de quoi**) il parle.
      (complément de **de**)

3. La forme **quoi**, utilisée seule, est exclamative et interrogative:

   Quoi! Vous êtes déjà là!
   Quoi? Que dites-vous?

C. Le pronom interrogatif + "est-ce qui" et "est-ce que"

Dans les interrogations directes, le pronom interrogatif a aussi des formes renforcées, qui appartiennent surtout à la langue parlée. Ces formes sont construites par l'adjonction de **est-ce qui** au pronom interrogatif sujet et de **est-ce que** au pronom interrogatif complément d'objet et complément prépositionnel. Avec ces formes, l'inversion du sujet et du verbe disparaît. Remarquer qu'il n'y a pas de forme simple qui corresponde à **qu'est-ce qui**. Remarquer également que les formes renforcées s'emploient uniquement dans les interrogations directes, jamais dans les interrogations indirectes.

TABLEAU DE RÉCAPITULATION: INTERROGATION DIRECTE	PERSONNE	CHOSE
SUJET	qui, ou qui est-ce qui	qu'est-ce qui
COMPLÉMENT D'OBJET	qui, ou qui est-ce que	que, ou qu'est-ce que
COMPLÉMENT PRÉPOSITIONNEL	prép. + qui	prép. + quoi, ou prép. + quoi + est-ce-que

	Qui est-ce qui frappe à la porte?
ou:	**Qui** frappe à la porte?
	Qui est-ce que vous avez rencontré?
ou:	**Qui** avez-vous rencontré?
	À qui est-ce que vous parlez?
ou:	**À qui** parlez-vous?
	Qu'est-ce qui est arrivé?
	Qu'est-ce que vous avez acheté?
ou:	**Qu'**avez-vous acheté?
	À quoi est-ce que vous pensez?
ou:	**À quoi** pensez-vous?
	Avec quoi est-ce qu'il travaille?
ou:	**Avec quoi** travaille-t-il?

	PERSONNE	CHOSE
SUJET	qui	ce qui
COMPLÉMENT D'OBJET	qui	ce que
COMPLÉMENT PRÉPOSITIONNEL	prép. + qui	prép. + quoi, ou ce + prép. + quoi

Je voudrais savoir **qui** a téléphoné.
Je me demande **qui** Paul regardait.
Je voudrais savoir **à qui** Marie a écrit.

Je me demande **ce qui** est arrivé.
Je voudrais savoir **ce que** Paul a dit.

Je me demande **à quoi** il pense.
Je me demande **ce à quoi** il pense.

D. Les formes composées du pronom interrogatif

Les formes composées du pronom interrogatif: lequel, laquelle, lesquels, lesquelles
sont les mêmes que les formes composées du pronom relatif (voir B, p. 116). Ces
formes remplacent toujours un nom qui vient d'être mentionné ou qui va l'être. Elles
s'accordent avec ce nom. Elles peuvent aussi être renforcées:

	SINGULIER	PLURIEL
SUJET COMPLÉMENT D'OBJET COMPLÉMENT PRÉPOSITIONNEL	lequel laquelle	lesquels lesquelles
COMPLÉMENT DE LA PRÉPOSITION DE	duquel de laquelle	desquels desquelles
COMPLÉMENT DE LA PRÉPOSITION À	auquel à laquelle	auxquels auxquelles

Voici trois médicaments; **lequel** est le plus efficace? (**lequel est-ce qui** est le
plus efficace?)
De toutes ces solutions, **laquelle** préférez-vous? (**laquelle est-ce que** vous
préférez?)
Voici trois chaises. **Sur laquelle** voulez-vous vous asseoir?
Il y a eu trois congrès cette année; **auquel** avez-vous participé? (**auquel est-ce
que** vous avez participé?)
Dites-moi **desquels** de ces films vous avez entendu parler.
(interrogation indirecte)
De toutes ces solutions, dites-moi **laquelle** vous préférez.
(interrogation indirecte)
Il y a plusieurs candidats. Pour lequel allons-nous voter?

35. L'adjectif interrogatif

A. Formation

L'adjectif interrogatif s'accorde avec le nom auquel il se rapporte. Ses formes sont:

> **quel** (masculin singulier)   **quels** (masculin pluriel)
> **quelle** (féminin singulier)   **quelles** (féminin pluriel)

> **Quel** est votre avis?
> **Quel** sport est le plus dangereux?

> **Quelle** heure est-il?
> **Quelle** doit être ma réponse?

> **Quels** médicaments avez-vous pris?
> **Quels** prisonniers doivent être libérés?

> **Quelles** sont les dimensions de votre chambre?
> **Quelles** peuvent être leurs objections?

B. Emploi

Comme sujet du verbe **être**, même accompagné d'un verbe semi-auxiliaire, on emploie généralement le pronom interrogatif **qui** lorsqu'il s'agit d'une personne (voir A-B:1, p. 96-97.):

> **Qui** est votre meilleur ami?
> **Qui** aurait dû être président?
> **Qui** peuvent être les responsables de cet attentat?

On peut cependant employer l'adjectif interrogatif comme sujet du verbe **être** lorsqu'on interroge sur la qualité (plutôt que sur l'identité) d'une personne:

> **Quel** est cet homme?
> - C'est un de nos amis.
> - C'est le médecin de la famille.
> - C'est celui dont je vous ai parlé.
> - C'est un héros.

> **Qui** est cet homme?
> - C'est monsieur Dupont.
> - C'est le docteur Dupont.

On emploie l'adjectif interrogatif dans les interrogations indirectes:

> Je voudrais que vous me disiez **quelle** voiture vous préférez.
> Nous ne savons pas **quel** chemin est le plus court.
> La question est de savoir **quels** arguments avancer.

Pour traduire

1. Quand il se rapporte à une personne, l'adjectif interrogatif **quel** se traduit par *what, what kind of* ou *what manner of*:

> **Quels** sont ces musiciens? Ce sont des violonistes.
> *What kind of musicians are those? They are violinists.*

> **Quelles** sont ces dames? Ce sont des femmes d'affaires.
> *What are these ladies? They are business women.*

2. Quand on s'attend à une définition, *what is* se traduit par la forme **qu'est-ce que c'est que?** ou par **qu'est-ce que?**:

> **Qu'est-ce que c'est qu'une caryatide?** }   Une caryatide est une sculpture
> **Qu'est-ce qu'une caryatide?**   architecturale.

> **Qu'est-ce que c'est qu'une charrue?** }   C'est un instrument agricole˙
> **Qu'est-ce qu'une charrue?**

Quand il s'agit d'une interrogation indirecte, on emploie **ce que c'est que** ou, plus rarement, **ce qu'est**:

> J'ignore **ce que c'est qu'**une charrue.
> Il cherche à savoir **ce qu'est** la microbiologie.

3. L'adjectif interrogatif a aussi une valeur exclamative. Dans ce cas, on le traduit généralement par *what (a)*:

> **Quelle** chance!
> *What luck!*

> **Quel** plaisir de vous voir!
> *What a pleasure to see you!*

> **Quelle** bonne idée!
> *What a good idea!*

> **Quels** beaux chevaux!
> *What beautiful horses!*

4. L'expression **tel quel** (**tels quels, telle quelle, telles quelles**) veut dire **sans changements**:

> Voulez-vous emporter cette table **telle quelle,** ou voulez-vous que je la vernisse?
> *Do you want to take this table as is, or would you like me to varnish it?*

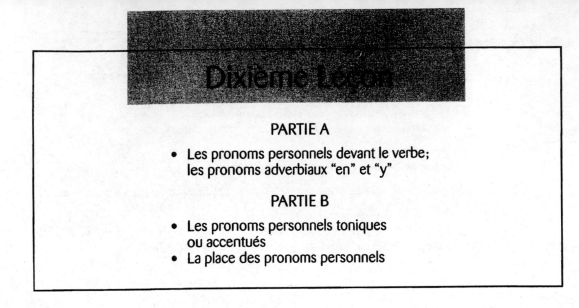

Dixième Leçon

PARTIE A

- Les pronoms personnels devant le verbe;
  les pronoms adverbiaux "en" et "y"

PARTIE B

- Les pronoms personnels toniques
  ou accentués
- La place des pronoms personnels

PARTIE A

36. Les pronoms personnels devant le verbe; les pronoms adverbiaux "en" et "y"

A. Définition

Un pronom remplace un nom et s'accorde en genre et en nombre avec le nom remplacé.

> Quand est-ce que votre sœur reviendra?
> **Elle** reviendra demain matin.
>
> Avez-vous déjà acheté les billets?
> Oui, je **les** ai achetés hier.

En francais, il y a cinq catégories de pronoms: les pronoms personnels, les pronoms interrogatifs, les pronoms relatifs, les pronoms possessifs et les pronoms démonstratifs.

B. Le pronom personnel sujet

1. Les formes du pronom personnel sujet sont:

je (j')	**nous**
tu	**vous**
il/elle	**ils/elles**

Ce pronom précède généralement le verbe, avec les exceptions suivantes:

a. À l'interrogatif, il suit le temps simple:

Aimez-**vous** l'architecture baroque?

b. À l'interrogatif dans un temps composé, il suit l'auxiliaire:

Ont-**ils** réussi à équilibrer le budget?

c. Dans une proposition incise, il suit le verbe:

—"Au revoir", dit-**il**, "je pars pour Paris".
—"Adieu", répondis-**je**, "faites bon voyage".
—"Et revenez vite", ajouta-t-**elle**.

Remarquer que lorsqu'il ne s'agit pas d'une proposition incise, on dit:

Je répondis : "Adieu, faites bon voyage". Elle ajouta: "Et revenez vite".

2. Le pronom personnel sujet **tu**:

Tu est la forme familière de la deuxième personne. Il n'y a pas de règles absolues qui en régissent l'emploi. On emploie généralement **tu** pour parler à un enfant, à un intime, à un proche parent, à un camarade d'école, entre soldats, entre travailleurs manuels. Les personnes jeunes se tutoient plus facilement que les personnes âgées.

On emploie souvent **tu** dans une apostrophe qui s'adresse à un objet ou à une abstraction:

Je **te** salue, vieil océan! (Lautréamont)
Liberté! Que de crimes on commet en **ton** nom! (Mme Roland)

Il ne faut pas oublier que le pluriel de **tu** est **vous**:

Pierre, **tu** es toujours en retard; Jacques, **tu** es toujours en avance; **vous** n'êtes jamais à l'heure ni l'un ni l'autre.

C. **Le pronom personnel complément d'objet direct**

1. Quand le pronom personnel complément d'objet direct précède le verbe, on emploie les formes conjonctives:

me (m')	nous
te (t')	vous
le/la (l')	les

Il **me** conduit.	Qui **nous** écoute?
Je **te** regarde.	**Vous** a-t-il appelés?
Jacques **le** connaît.	Il ne **les** respecte pas.
Sa mère **la** gronde.	

2. Le pronom personnel complément d'objet direct **le** remplace:

   a. Un nom masculin de personne ou de chose:

   Je connais **Pierre** et je **le** rencontre souvent.
   Votre **cynisme** ne m'impressionne pas; je **le** trouve puéril.

   Il n'y a pas contraction entre les prépositions **à** et **de** et les pronoms **le** et **les**:

   J'ai demandé à **le** voir, mais il n'est pas facile de **le** trouver.
   Nous avons cherché à **les** convaincre de **le** punir.
   Il essayait de **les** traduire en français.

   b. Une proposition:

   Je sais que vous n'avez pas confiance en moi, je **le** sais bien. (**le** remplace **que vous n'avez pas confiance en moi**)
   Il nous a demandé quelle heure il était, mais nous ne **le** savions pas. (**le** remplace **quelle heure il était**)

   c. Un adjectif, quels que soient son nombre et son genre, surtout dans le deuxième terme d'une comparaison:

   Jacques est **découragé**, mais son frère ne **l'**est pas.
   Elle est moins **fatiguée** aujourd'hui qu'elle ne **le** sera demain.
   Ils ne sont pas si **naïfs** qu'ils **le** paraissent.

3. Quand le pronom personnel complément d'objet direct suit le verbe, on emploie les formes toniques à la première et la deuxième personne (**moi, toi, nous, vous**) et les formes conjonctives à la troisième personne (**le, la, les**):

1ère PERSONNE	2ème PERSONNE	3ème PERSONNE
Conduis-**moi**	Dépêche-**toi**	Prends-**le**
Écoutez-**moi**	Regarde-**toi**	Gronde-**le**
Conduisez-**nous**	Dépêchez-**vous**	Prends-**la**
Écoutez-**nous**	Regardez-**vous**	Gronde-**la**
		Prends-**les**
		Gronde-**les**

D. Le pronom personnel complément d'objet indirect

1. Quand le pronom personnel complément d'objet indirect précède le verbe, on emploie les formes conjonctives à la première et à la deuxième personne (**me, te, nous, vous**) et les formes toniques **lui** et **leur** à la troisième personne:

me (m')	nous
te (t')	vous
lui	leur

1ère PERSONNE	2ème PERSONNE	3ème PERSONNE
Il **me** donne cent francs.	Je te donne cent francs.	Je **lui** donne cent francs.
Elles **me** parlent.	Nous te parlons.	Elle **lui** parle.
Elle **nous** donne cent francs.	Elle **vous** donne cent francs.	Tu **leur** donnes cent francs.
Vous **nous** parlez.	Ils **vous** parlent.	Ils **leur** parlent.

(Comparer à C, p. 103.)

On remarquera qu'à la première et à la deuxième personne du singulier et du pluriel, lorsqu'il précède le verbe, le pronom personnel a les mêmes formes, qu'il soit complément d'objet direct ou complément d'objet indirect. À la troisième personne, cependant, les formes sont différentes:

	COMPLÉMENT D'OBJET DIRECT	COMPLÉMENT D'OBJET INDIRECT
MASC. SING.	le	lui
FÉM. SING.	la	lui
MASC. PLUR.	les	leur
FÉM. PLUR.	les	leur

Où est le directeur? Je veux le voir et lui parler.
Où est la directrice? Je veux la voir et lui parler.

Tes frères ont raison : tu devrais les écouter et leur faire confiance.
Tes sœurs ont raison : tu devrais les écouter et leur faire confiance.

2. Quand le pronom personnel complément d'objet indirect suit le verbe, on emploie les formes **moi, toi, lui, nous, vous, leur**:

Prête-**moi** cent francs.
Dis-**toi** que rien n'est impossible.
Écrivez-**lui**.
Parlez-**nous**.
Rappelez-**vous** mon adresse.
Rendez-**leur** la monnaie.

(Comparer à C:3, p. 104.)

E. Le pronom personnel réfléchi

1. Quand le pronom personnel réfléchi précède le verbe, ses formes sont:

me (m')	nous
te (t')	vous
se (s')	se (s')

Je **me** regarde.   Nous **nous** regardons.
Tu **te** changes.   Vous **vous** changez.
Il (Elle) **se** dépêche.   Ils (Elles) **se** dépêchent.

2. Le pronom personnel réfléchi peut être le complément d'objet direct ou le complément d'objet indirect du verbe, sans changer de forme:

Elle **se** coiffe et **se** maquille. (complément d'objet direct)
Il **se** lave les mains et **se** nettoie les ongles avant de manger. (complément d'objet indirect)

3. À l'impératif affirmatif, on emploie les formes toniques pour la première et la deuxième personne du singulier. Le pronom réfléchi est placé après le verbe.

Lève-**toi** vite! Il faut partir.
Mais: Ne **te** lève pas si tôt. Tu vas réveiller tout le monde.

4. Le pronom réfléchi peut avoir un sens réciproque (voir B:2, p. 32).

5. Voir verbes pronominaux, 13, p. 31-35.

F. Le pronom adverbial "en"

D'une façon générale, le pronom adverbial en remplace une expression introduite par la préposition **de**. En particulier, il remplace:

1. Un nom, introduit par la préposition de d'un grand nombre de formes verbales telles:

> **parler de quelque chose**
> **se servir de quelque chose**
> **être + adjectif + de quelque chose**
> **avoir besoin (envie, peur, honte) de quelque chose**
> **se souvenir de quelque chose**
> **s'apercevoir de quelque chose**
> **s'occuper de quelque chose, etc.**

Le savant parle **de ses recherches** et il **en** parle souvent.

—Vous servez-vous **de ce dictionnaire?**
—Oui, je m'**en** sers de temps en temps.

Je suis heureux **de votre succès;** j'**en** suis vraiment très heureux.
Je suis mécontent **de ton travail;** j'**en** suis tout à fait mécontent.

—Ont-ils besoin (envie) **de vacances?**
—Oui, ils **en** ont très besoin (envie).

—Avez-vous peur **de la mort?**
—Tout le monde **en** a peur.

Je ne me souviens plus **de son nom;** je ne m'**en** souviens plus du tout.

Mais on évite **en** lorsqu'il s'agit d'une personne:

Je parle de mes parents et je parle souvent **d'eux.**
Je suis mécontent de mon professeur; je suis très mécontent **de lui.**

—Avez-vous peur des gangsters?
—Tout le monde a peur **d'eux.**

2. Un nom introduit par un article partitif (voir A:2, p. 86, et B, p.89), même lorsqu'il s'agit d'une personne:

> Si vous voulez **du lait,** je vous **en** vendrai. (chose)
> Vous désirez connaître **des Français?** Je peux vous **en** présenter plusieurs. (personne)

3. Une proposition, lorsqu'elle peut être remplacée par **de cela:**

> Je suis content de **savoir que vous n'êtes plus malade.**
> Je suis content de **cela.**
> J'**en** suis content.

> Je suis furieux **que mon fils ait menti.**
> Je suis furieux de **cela.**
> J'**en** suis furieux.

> Nous avons envie **d'aller au cinéma.**
> Nous avons envie **de cela.**
> Nous **en** avons envie.

Si la proposition ne peut être remplacée par **de cela**, mais seulement par **de faire cela**, on n'utilise pas **en**:

> Il est important de penser à l'avenir.
> Il est important de faire cela.

> Je choisis de ne pas obéir.
> Je choisis de faire cela.

4. Une expression de lieu introduite par **de**:

> J'arrive **de France**; j'**en** arrive il y a deux jours.

> —À quelle heure rentrez-vous **du lycée**?
> —J'**en** rentre à quatre heures.

5. Dans une relation de possession, quand le possesseur est un objet inanimé ou une abstraction, **en** peut remplacer l'adjectif possessif. Ainsi l'on peut dire:

> Quel beau tableau! Ses couleurs sont remarquables.
> ou: Quel beau tableau! Les couleurs **en** sont remarquables.

On remarque que, dans cet exemple, **en** remplace **de ce tableau**.

> La pollution atmosphérique augmente; ses conséquences seront graves.
> ou: La pollution atmosphérique augmente; les conséquences **en** seront
> graves.

On remarque que, dans cet exemple, en remplace **de la pollution**.

Si le possesseur est un être humain ou un animal, on emploie l'adjectif possessif:

> Quel beau chien! **Son** poil est magnifique.
> Le paysan rentre des champs; **ses** bottes sont pleines de boue.

6. Le participe passé ne s'accorde pas avec **en** (voir 3, p. 37).

7. Pour l'emploi de **en** avec les expressions de quantité, voir C, p. 89.

G. Le pronom adverbial "y"

En général, le pronom adverbial y remplace:

1. Un nom, introduit par la préposition **à** d'un grand nombre de formes verbales, telles:

> répondre à quelque chose
> penser à quelque chose
> croire à quelque chose
> toucher à quelque chose
> s'intéresser à quelque chose
> tenir à quelque chose, etc.

> Elle a répondu à **la question**, mais elle y a mal répondu.
> Le savant pense à **ses recherches**, et il y pense souvent.
> Je crois **au progrès**, et vous, y croyez-vous?
> Ce vase est fragile; n'y touche pas!
> L'étude des langues est passionnante pour celui qui s'y intéresse.
> Je tiens à **notre amitié**; j'y tiens beaucoup.

Mais on ne peut utiliser y lorsqu'il s'agit d'une **personne**:

> Elle a répondu à la directrice, mais elle lui a mal répondu.
> Le savant pense à ses enfants; il pense à eux souvent.
> Nous vous offrons un poste parce que nous nous intéressons à vous.

2. Une proposition, lorsqu'elle peut être remplacée par **à cela**:

> Je tiens à **être franc avec vous.**
> Je tiens à **cela.**
> J'y tiens.
>
> Je pense à **ce que vous m'avez dit.**
> Je pense à **cela.**
> J'y pense.

Si la proposition ne peut être remplacée par **à cela**, mais seulement par **à faire cela**, on n'utilise pas y:

> J'apprends à **piloter les avions.**
> J'apprends à **faire cela.**
>
> J'hésite à **suivre votre conseil.**
> J'hésite à **faire cela.**

3. Un nom ou un pronom précédé d'une préposition qui indique le lieu (**à, chez, dans, devant, derrière, sous, sur,** etc.):

> Je vais à **Paris**; j'y vais pour trois semaines.
> J'habite **chez mes parents** et j'y prends mes repas.
> J'ai regardé **sur la table;** les documents n'y sont plus.
> Après avoir cherché dans mon bureau, j'ai cherché **dans le vôtre;** les papiers
>   y étaient.
> Il regarda **derrière lui;** il n'y avait personne.

Pour traduire

1. Pour traduire le pronom anglais *myself, yourself,* etc., quand celui-ci est en apposition, on emploie le pronom personnel tonique auquel on adjoint l'adjectif **même** (voir 37, p. 109; C, p. 112; N, p. 123):

> *I do it myself.*
> Je le fais **moi-même.**
>
> *I will go see the president himself.*
> J'irai voir le président **lui-même.**

Mais quand *myself, yourself,* etc., est complément d'objet (direct ou indirect) du verbe, on emploie les formes réfléchies:

> *You must watch yourself.*
> Tu dois **te** surveiller. (complément d'objet direct)
>
> *I buy myself a book.*
> Je **m'**achète un livre. (complément d'objet indirect)

2. L'adverbe anglais *there* se traduit en français par **y** quand le lieu a déjà été mentionné:

> *My firm is interested in your city; we want to open a branch office there.*
> Ma société s'intéresse à votre ville; nous voulons **y** ouvrir une succursale.

Si le lieu n'a pas été mentionné, *there* se traduit par **là**:

> *Is Mr. Dupont there?*
> Est-ce que M. Dupont est **là**?

> *Sit down there.*
> Asseyez-vous **là**.

> *Who is there?*
> Qui est **là**?

3. Un certain nombre d'expressions idiomatiques courantes se forment avec **en**; par exemple:

> **s'en aller** (*to go away*)
> **en vouloir à quelqu'un** (*to hold it against someone, to hold a grudge against someone*)
> **en avoir assez** (*to have enough, to have one's fill*)
> **s'en faire** (*to worry*)
> **s'en moquer** (*not to give a hoot*)

Mon chien est idiot: quand on lui dit "va-t'en", au lieu de **s'en aller**, il s'approche.

Les Français **en** ont longtemps **voulu** aux Anglais d'avoir brûlé Jeanne d'Arc.

Pendant un mois, je n'ai rien dit, mais maintenant j'**en ai assez** et je vais protester.

Ne **vous en faites** pas, il n'y a aucun danger.

Je lui ai expliqué la situation, mais il **s'en moque** et ne veut rien faire.

PARTIE B

37. Les pronoms personnels toniques ou accentués

A. Formation

Les formes toniques ou accentuées du pronom personnel sont :

moi	nous
toi	vous
lui/elle/soi	eux/elles

B. Emploi

Ces formes s'emploient:

1. Après le verbe **être**, même accompagné d'un verbe semi-auxiliaire:

> C'est **toi** qui es coupable et c'est encore **nous** qu'on a punis.
> Je croyais que c'était **lui** qui m'avait trahi, mais c'**était elle**.
> Ce **pourrait** être **lui** qui sonne, mais c'est probablement **elle**.

À la troisième personne du pluriel, on dit:

> Ce **sont eux** qui sont coupables et ce **sont elles** qu'on a punies.

2. Après **ne + verbe + que**:

> Elle n'aime que **lui**.
> Nous n'attendons plus que **toi**.
> Il n'y a pas que **nous** à être invités.

3. Après **que** dans une comparaison:

> Il est aussi grand que **moi**, moins gros que **toi** et aussi fort que **lui**.

4. Quand le sujet ou le complément d'objet du verbe se composent soit de deux pronoms, soit d'un pronom et d'un nom:

> **Eux** et **moi** sommes les seuls à comprendre.
> Nous vous avons invités, **vous** et **lui**.
> Les Dupont et **moi** sommes les seuls à comprendre.
> Nous avons invité les deux étudiants et **lui**.

5. Après une préposition:

> Je veux aller **avec eux**, mais je n'irai pas **sans toi**.
> Elle votera **contre lui**, puisqu'elle votera **pour moi**.
> Je sortirai **après lui** pour aller **chez vous**.
> Avez-vous entendu parler **de moi**?
> Son opinion **à lui** ne compte pas. (**À lui** met l'adjectif possessif en valeur; voir Pour traduire 1, p. 151.)

6. Avec la conjonction **ni ... ni**:

> **Ni toi ni moi** ne pouvons tolérer sa conduite.
> J'ai enfin compris que **ni lui ni elle** ne sont dignes de confiance.

7. Seules, sans verbe, ou devant une proposition relative:

> —Qui est là? —**Moi**.
> —Qui veux-tu voir? —**Toi**.
> —**Moi**, qui suis Français, je parle mieux l'anglais qu'**eux** qui sont Américains.

8. Pléonastiquement, pour mettre en valeur un pronom personnel non accentué:

> **Moi**, je pars; **toi**, tu viens avec moi; **eux**, ils restent ici.

9. Dans les cas examinés à C:3, p. 104.

10. En général, on n'emploie pas le pronom tonique après une préposition lorsqu'il s'agit d'une chose et que l'on peut lui substituer une autre expression:

a. **De + pronom** (chose) = **en** (voir F, p. 106-107):

> Je parle de ce roman, j'**en** parle souvent. (chose)
> Mais: Je parle de Pierre; je parle souvent **de lui**. (personne)

b. **À + pronom** (chose) = **y** (voir G, p. 107-108):

> Je pense à ce roman; j'**y** pense souvent. (chose)
> Mais: Je pense à Pierre; je pense souvent **à lui**. (personne)

c. **Dans + pronom** (chose) = **y, dedans, là-dedans**:

> J'ai ouvert le tiroir et j'**y** ai trouvé mon livre.
> J'ai ouvert le tiroir et j'ai trouvé mon livre **dedans**.
> Qu'avez-vous trouvé **là-dedans**?

d. **Sur + pronom** (chose) = **y, dessus, là-dessus**:
Sous + pronom (chose) = **y, dessous, là-dessous**:

> J'ai cherché sur (sous) la table et j'**y** ai trouvé mon livre.
> J'ai cherché sur (sous) la table et j'ai trouvé mon livre **dessus** (**dessous**).
> Qu'avez-vous trouvé **là-dessus** (**là-dessous**)?

e. On remarquera par ailleurs que **à + pronom tonique** s'emploie lorsqu'il s'agit:

(1) De verbes intransitifs indiquant le déplacement:

> Il vient **à nous**. Il courut **à elle**.

(2) D'une proposition dont le complément d'objet direct est **me, te, se, nous** ou **vous**. C'est le cas pour tous les verbes pronominaux:

> Je **me** fie à lui.
> Nous **nous** habituons à eux.
> Ils **se** sont rendus à nous.

(3) Mais lorsque le complément d'objet direct est **le, la,** ou **les,** il faut employer les formes non accentuées du pronom:

> J'ai donné mon avis aux organisateurs. Je **le leur** ai donné sans qu'ils me le demandent.
> Nous avons apporté cette corbeille à sa sœur. Nous **la lui** avons apportée.
> Avez-vous offert ces fleurs à Marie? **Les lui** avez-vous offertes?

(4) D'expressions idiomatiques dont les plus courantes sont :

(a) **Penser à:**

> Si tu ne penses pas à **lui**, il ne pensera pas à **toi**.

(b) **Faire attention à:**

> Fais attention à **eux**, ils te détestent.

(c) **Tenir à:**

> Je tiens à **eux** parce qu'ils me sont sympathiques. (*I value them ...*)

(d) **Être à**, qui indique la possession ou le tour:

> Ce livre est à **moi**, il n'est pas à **toi**.
> C'est à **moi** de jouer, ce n'est pas à **eux**.
> (*It is my turn to play, it is not their turn.*)

C. La forme tonique "soi"

Il existe aussi la forme tonique **soi** qui renvoie à un antécédent général (**chacun, nul, personne, on,** etc.):

> **Chacun** travaille pour **soi.** (après une préposition)
> Quand **on** n'a pas son opinion à **soi,** on écoute les autres. (met l'adjectif possessif en valeur)
> **Personne** n'a peur d'un plus petit que **soi.** (après **que** dans une comparaison)

On peut renforcer la forme **soi** par l'adjonction de-**même**:

> Il ne faut pas parler tout le temps de **soi-même.**
> Quiconque ne pense qu'à **soi-même** est un égoïste.

Pour traduire

Quand le pronom tonique est introduit par **de** dans une expression de quantité, on ajoute la préposition **entre** immédiatement après de:

> *Five candidates ran; two of them were elected.*
> Cinq candidats se sont présentés, **deux d'entre eux** ont été élus.

> *Some of them disagree.*
> **Quelques-uns d'entre eux** ne sont pas d'accord.

38. La place des pronoms personnels

Pour les règles qui gouvernent la place des pronoms personnels sujets voir B, p. 102-103.

A. Emploi

1. Les pronoms personnels compléments d'objet se placent avant le verbe selon le schéma suivant:

SCHÉMA 1

$$\left.\begin{matrix} \text{me} \\ \text{te} \\ \text{se} \\ \text{nous} \\ \text{vous} \end{matrix}\right\} \text{devant} \left\{\begin{matrix} \text{le} \\ \text{la} \\ \text{les} \end{matrix}\right\} \text{devant} \left\{\begin{matrix} \text{lui} \\ \text{leur} \end{matrix}\right\} \text{devant y devant en devant verbe}$$

EXEMPLES:

Je **vous la** donne. Elle **vous y** conduira.
Tu **leur en** donnes. Nous **les leur** donnerons.
Je **vous en** donnerai. Il **y en** a trois.

2. Il y a deux cas où le schéma ci-dessus ne s'applique pas:

a. Si le complément d'objet direct est **me, te, se, nous** ou **vous**, le complément d'objet indirect est exprimé par **à** + **pronom tonique** (voir 10:e, p. 111):

Elle **se** présente **à eux.**
Je **te** recommanderai **à elles.**

b. À l'impératif affirmatif, le schéma devient:

SCHÉMA 2

verbe devant $\left\{ \begin{array}{l} \text{compl.} \\ \text{d'objet} \\ \text{direct} \end{array} \right\}$ devant $\left\{ \begin{array}{l} \text{compl.} \\ \text{d'objet} \\ \text{indirect} \end{array} \right\}$ devant **y** devant **en**

EXEMPLES:

Donnez-**les-moi!**   Prêtez-**la-lui!**   Achète-**le-nous!**

On remarquera que **y** et **en**, quelle que soit leur fonction, se placent toujours après les autres pronoms:

Je n'ai plus d'argent; donnez m'**en.**
Prenez ces lettres, allez au bureau de poste et postez-les-**y.**

Les formes des pronoms personnels compléments d'objet restent les mêmes que dans le schéma 1, avec deux exceptions:

(1) Sauf devant **y** et **en**, **me** est remplacé par **moi** et **te** est remplacé par **toi:**

Donne-les-**moi!**   Dépêche-**toi!**
Donne-m'**en!**   Occupe-t'**en** tout de suite!

(2) La règle indiquée au numéro 1 ci-dessus s'applique aussi à l'impératif. Si le complément d'objet direct est **me (moi)**, **te (toi)**, **nous** ou **vous**, le pronom complément d'objet indirect est **à** + **pronom tonique:**

Présentez-**vous à eux.**   Ne **vous** présentez pas **à eux.**
Présentez-**moi à eux.**   Ne **me** présentez pas **à eux.**
Présentez-**nous à elles.**   Ne **nous** présentez pas **à elles.**

B. À l'impératif négatif

À l'impératif négatif, c'est le schéma 1 qui s'applique. Comparer:

IMPÉRATIF AFFIRMATIF (SCHÉMA 2)	IMPÉRATIF NÉGATIF (SCHÉMA 1)
Donnez-les-moi!	Ne me les donnez pas!
Prêtez-la-lui!	Ne la lui prêtez pas!
Donnez-m'en!	Ne m'en donnez pas!
Donne-les-moi!	Ne me les donne pas!
Dépêche-toi!	Ne te dépêche pas!
Achète-le-nous!	Ne nous l'achète pas!
Présentez-moi à eux!	Ne me présentez pas à eux!
Allez-y!	N'y allez pas!

Pour les changements orthographiques de l'impératif devant y et en, voir 2:A, p. 5.

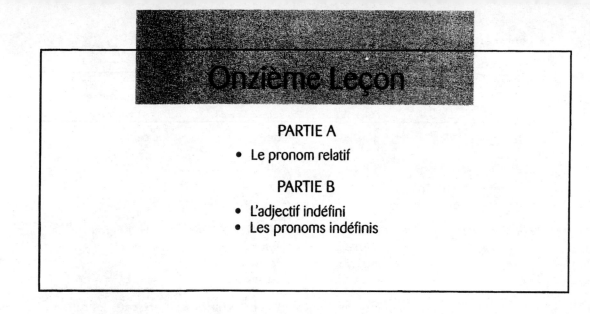

PARTIE A

39. Le pronom relatif

A. Définition

Le pronom relatif met en relation le nom ou le pronom qui est son antécédent et une proposition. Il s'accorde en genre et en nombre avec son antécédent. Il peut être sujet, complément d'objet ou complément d'une préposition:

C'est la seule personne **qui** nous ait paru digne de confiance. (sujet)

La maison **que** cette femme a achetée appartenait à une avocate. (complément d'objet direct)

La majorité des sénateurs démocrates vont voter pour la mesure à **laquelle** s'opposent les républicains. (complément de la préposition à)

B. Formation

Le pronom relatif a les formes suivantes:

	POUR REMPLACER UNE PERSONNE	POUR REMPLACER UN ANIMAL OU UNE CHOSE	POUR REMPLACER UNE EXPRESSION
SUJET	qui[1]	qui[1]	ce qui
COMPLÉMENT D'OBJET	que[1]	que[1]	ce que
COMPLÉMENT PRÉPOSI- TIONNEL	qui lequel lesquels laquelle lesquelles	lequel lesquels laquelle lesquelles	(ce) + prép. + quoi

Quand le pronom relatif est complément de la préposition **à**, il présente des formes contractées:

	POUR REMPLACER UNE PERSONNE	POUR REMPLACER UN ANIMAL OU UNE CHOSE	POUR REMPLACER UNE EXPRESSION
COMPLÉMENT DE LA PRÉPOSI- TION **à**	à qui auquel à laquelle auxquels auxquelles	auquel à laquelle auxquels auxquelles	(ce) à quoi

Comme complément de la préposition **de**, le pronom relatif présente la forme spéciale **dont** aussi bien que des formes contractées:

	POUR REMPLACER UNE PERSONNE	POUR REMPLACER UN ANIMAL OU UNE CHOSE	POUR REMPLACER UNE EXPRESSION
COMPLÉMENT DE LA PRÉPOSI- TION **de**	dont, de qui duquel de laquelle desquels desquelles	dont duquel de laquelle desquels desquelles	ce dont ce de quoi

[1]On peut exceptionnellement employer les formes **lequel, laquelle,** etc., comme sujet ou comme complément d'objet, lorsqu'elles permettent d'éviter une ambiguïté :

Ce soldat sert dans la 3e compagnie du 7e régiment **qui** (le régiment? la compagnie?) a un chef héroïque.
Ce soldat sert dans la 3e compagnie du 7e régiment **lequel** (le régiment) a un chef héroïque.
Ce soldat sert dans la 3e compagnie du 7e régiment **laquelle** (la compagnie) a un chef héroïque.

Si les deux antécédents possibles ont le même genre, il faut reformuler la phrase pour éviter toute ambiguïté.

C. Les pronoms "qui" et "que"

On remarquera que les formes du pronom relatif sujet sont les mêmes, qu'il remplace une personne ou une chose:

> Le garçon **qui** entre est mon frère.
> La maison **qui** a brûlé était en bois.

Les formes du pronom relatif complément d'objet sont également les mêmes, qu'il remplace une personne ou une chose:

> La jeune fille **que** vous voyez est un peintre célèbre.
> L'hôtel **que** nous habitons est en brique.

D. Le pronom "lequel", "laquelle", etc.

Comme complément prépositionnel (de toutes les prépositions sauf **de**), on emploie généralement **qui** et, plus rarement, **lequel, laquelle, lesquels, lesquelles** pour remplacer une **personne**. Pour remplacer une **chose**, on ne peut pas employer **qui**; on emploie uniquement **lequel, laquelle, lesquels, lesquelles**:

> Le monsieur avec **qui** (**lequel**) vous déjeunerez est avocat.
> La jeune fille pour **qui** (**laquelle**) vous achetez des fleurs est ma cousine.
> Les arbres entre **lesquels** se trouve la cabane sont des pins.
> Les valises dans **lesquelles** se trouvaient les documents ont été volées.
> Les prisonniers à **qui** (**auxquels**) vous parlez seront bientôt relâchés.
> Les informations **auxquelles** il pense n'ont pas été confirmées.
> Le chien avec **lequel** le policier fait sa ronde est un doberman.

Après les prépositions **entre** et **parmi, lequel, laquelle**, etc., sont obligatoires. On ne peut pas employer **qui** :

> Les deux gendarmes **entre lesquels** se trouvait l'accusé portaient le revolver.
> Les recherches scientifiques, **parmi lesquelles** les recherches atomiques sont particulièrement importantes, sont subventionnées par l'État.

E. Le pronom "dont"

1. Quand le pronom relatif est complément de la préposition **de**, on peut généralement employer la forme **dont**, qui contient à la fois la préposition **de** et le pronom relatif. La forme **dont** est rarement obligatoire et peut généralement être remplacée par les autres formes équivalentes. Il est cependant préférable d'employer **dont** lorsque cela est possible :

> Le ministre **dont** (**de qui, duquel**) vous connaissez les opinions est très puissant.
> L'opération financière **dont** (**de laquelle**) il m'a parlé est illégale.
> Les murailles **dont** (**desquelles**) la ville ancienne est entourée tombent en ruine.
> Les conspirateurs **dont** (**de qui, desquels**) la police a donné le signalement ne sont pas des terroristes.
> Les tomates à cinq francs le kilo **dont** (**desquelles**) j'ai acheté une douzaine n'étaient pas mûres.

2. Le participe passé ne s'accorde pas avec **dont** (voir 3, p. 37).

3. **Dont** ne peut pas remplacer de **qui, duquel,** etc. après un nom introduit par une préposition et qui a un rapport de possession avec l'antécédent de **de qui, duquel,** etc.:

> Voici la dame avec la fille **de qui** (de laquelle) vous avez dansé.

De qui suit **la fille,** introduit par la préposition **avec. La fille** a un rapport de possession avec l'antécédent **la dame** (la fille de la dame). On ne peut pas utiliser **dont.**

> Les arbres à l'ombre **desquels** nous sommes assis sont des pommiers.

Desquels suit **l'ombre,** introduit par la préposition **à. L'ombre** a un rapport de possession avec l'antécédent **les arbres** (l'ombre des arbres). On ne peut pas utiliser **dont.**

> Le député, contre le discours **de qui** (duquel) nous avons protesté, est Breton.

De qui suit **le discours** introduit par la préposition **contre. Le discours** a un rapport de possession avec l'antécédent **le député** (le discours du député). On ne peut pas utiliser **dont.**

Mais on peut dire:

> Les étudiants que vous avez rencontrés chez ma tante, et **dont** vous ne connaissez pas l'adresse, habitent Paris.

(Il n'y a pas de rapport de possession entre **tante** et **étudiants.**)

On peut aussi dire, bien que ce ne soit guère élégant:

> Voici la dame **dont** vous avez dansé avec la fille. (**dont** ne suit pas le nom **la fille**).

F. "Ce qui", "ce que", "ce + préposition + quoi"

Quand le pronom relatif remplace une expression indéterminée (c'est-à-dire une idée et non pas un nom), on emploie les formes **ce qui** pour le sujet, **ce que** pour le complément d'objet, (**ce**) + préposition + **quoi** pour le complément prépositionnel et **ce dont** (ce de quoi) pour le complément de la préposition **de:**

> L'inflation augmentait de jour en jour, **ce qui** a forcé le gouvernement à prendre des mesures énergiques.
> Je viens vous demander un service, **ce que** je n'ai jamais encore fait.
> Nous lancerons une campagne publicitaire, **après quoi** nous mettrons le produit sur le marché.
> Elle n'a pas voulu me parler, **ce dont** (ce de quoi) je m'étonne.

L'emploi ou l'omission de **ce** dans les formes **ce** + préposition + **quoi** est un problème compliqué. D'une façon générale, on emploie **ce** au début d'une phrase:

> **Ce contre quoi** je proteste est un abus inadmissible.
> **Ce en quoi** vous avez tort me semble être votre intransigeance.
> **Ce après quoi** courent les ambitieux, c'est le pouvoir.

Mais on dirait plutôt:

> Je ne comprends pas **contre quoi** vous protestez.
> Ils sont intransigeants, **en quoi** ils ont tort.
> Voici **en quoi** vous avez tort : vous êtes intransigeant.
> Voici **après quoi** courent les ambitieux: le pouvoir.

G. Le pronom "où"

1. À, sur, dans, sous et autres prépositions indiquant le lieu + **pronom relatif** sont souvent remplacés par **où** lorsque l'antécédent est une chose:

> Le poème **où** (**dans lequel**) se trouve ce vers est de Baudelaire.
> La table **où** (**sur laquelle**) j'ai mis mon chapeau est en bois.
> La ville **où** (**dans laquelle**) vous allez est encore loin.
> Les tentes **où** (**sous lesquelles**) nous avons dormi sont en nylon.

Mais: Washington était le général **sur qui** (**sur lequel**) les insurgés avaient placé tous leurs espoirs. (L'antécédent est une personne.)

On peut également dire:

> C'était l'époque **où** (**pendant laquelle**) Louis XIV régnait.
> La paix a été signée le jour **où** (**au cours duquel**) mon fils est né.

Pour traduire

1. Le pronom relatif doit toujours être exprimé en français, même s'il ne l'est pas en anglais:

> *The girl you see is my sister.*
> La jeune fille **que** vous voyez est ma sœur.
>
> *The house I bought is made of wood.*
> La maison **que** j'ai achetée est en bois.

2. On invertit souvent le sujet et le verbe dans des propositions relatives courtes, surtout lorsque le verbe est modifié et qu'il s'agit d'un temps simple:

> Les conférences **que** fait chaque semaine le professeur Dupont sont intéressantes.
> Les abus **contre lesquels** protestaient les membres de la commission étaient intolérables.

3. Après **dont**, l'ordre normal est sujet, verbe, complément:

> *The student whose sister you know is my friend.*
> L'étudiant **dont** vous connaissez la sœur est mon ami.

4. On emploie généralement **dont** pour indiquer l'origine quand il s'agit de personnes, de familles, de peuples, etc. :

>La famille **dont** il descend est illustre.
>*The family from which he is descended is famous.*

>La tribu **dont** ce guerrier est issu est puissante.
>*The tribe from which this warrior comes is powerful.*

Quand il s'agit d'un lieu géographique, on emploie d'où:

>Le pays **d'où** il vient est en Asie centrale.
>*The country from which he comes is in central Asia.*

5. Il faut prendre soin d'accorder le verbe d'une proposition relative avec l'antécédent du pronom relatif :

>C'est **moi** qui **suis** l'étudiant dont vous parlez.
>C'est **nous** qui **sommes partis** les premiers.

PARTIE B

40. L'adjectif indéfini

A. Définition

Les adjectifs indéfinis ont souvent un sens proche de celui des pronoms indéfinis auxquels ils correspondent. Il ne faut cependant pas confondre les adjectifs indéfinis et les pronoms indéfinis qui leur sont analogues (voir A, p. 124). Les principaux adjectifs indéfinis sont :

quelque	chaque
maint	autre
plusieurs	certain
divers	différent
tout	aucun
nul	quelque . . . que
quel(s), quelle(s) . . . que	quelconque
même	tel

B. Les adjectifs "autre", "tel", "même" et "quelconque"

Les adjectifs **autre, tel** et **même** peuvent soit précéder, soit suivre le nom. L'adjectif **quelconque** suit généralement le nom. Les autres adjectifs indéfinis précèdent le nom.

C. L'adjectif "quelque"

1. Au singulier, **quelque** veut dire:

    a. Une petite quantité de:

        Sans être un génie, ce garçon a **quelque** talent. (*a little*)

    b. Quelconque, n'importe quel:

        Je voudrais trouver **quelque** travail. (*some, any kind of*)

2. Au pluriel, **quelques** veut dire : un petit nombre de:

    Quelques piqûres d'antibiotiques, **quelques** jours de repos, et vous serez guéri. (*A few . . .*)

D. L'adjectif "chaque"

Chaque ne s'emploie qu'au singulier:

    Chaque fois que je le vois, je lui dis bonjour. (*Each, every*)
    Chaque homme a besoin de liberté. (*Each, every*)

E. L'adjectif "maint"

Maint est légèrement archaïque et ne se rencontre guère qu'au pluriel, dans la langue écrite ou dans des expressions idiomatiques:

    Il a dû faire face à **maints** problèmes, à **maintes** difficultés. (*many a*)

F. L'adjectif "autre"

1. Veut dire : **différent**

    Accepteriez-vous de travailler avec un **autre** professeur, dans une **autre** université? (*another . . .*)
    L'**autre** jour, vous portiez une **autre** robe. (*The other . . . another*)

2. Au pluriel, avec la préposition **de**, autres a un sens partitif:

    Quelques athlètes couraient, **d'autres** sautaient. (*some others*)
    D'autres parents n'auraient pas été si indulgents.

3. Employé après **nous** et **vous**, autres isole le groupe désigné:

    Nous autres, nous restons; **vous autres**, partez. (*As for us ... as for you*)

G. L'adjectif "plusieurs"

Plusieurs est invariable et indique un nombre moyen:

    Les musulmans font leurs prières **plusieurs** fois par jour. (*several*)
    Plusieurs pays ont aboli le service militaire obligatoire.

H. L'adjectif "certain"

1. Au pluriel, **certains** est à peu près synonyme de **quelques**. On l'emploie souvent en corrélation avec **d'autres**:

> **Certains** mots anglais sont d'origine latine. (*Certain*)
> **Certaines** questions sont faciles, **d'autres** ne le sont pas. (*Certain . . . others*)

2. **Certain** peut être un adjectif qualificatif. Dans ce cas il suit le nom:

> La mort semblait **certaine**. (*seemed certain*)

(Voir Pour traduire, p. 133.)

I. Les adjectifs "divers" et "différents"

Divers et **différents** indiquent la pluralité:

> **Divers** orateurs ont exposé **différents** projets. (*Several*)
> **Diverses** personnes ont proposé **différentes** choses. (*Several*)

(Voir Pour traduire, p. 133.)

J. L'adjectif "tout"

1. Au singulier, **tout**, **toute**, employé sans article, est synonyme de **chaque**:

> **Tout** homme a besoin de liberté.
> **Toute** question a une réponse.

2. Au singulier et au pluriel, il indique la totalité:

> Il a mangé **tout** un kilo de pommes de terre. (*a whole*)
> **Toute** la foule applaudissait. (*The whole, the entire*)
> J'ai passé **toute** une année à Paris. (*a whole, an entire*)
> **Tous**[1] les hommes ont besoin de liberté. (*All*)
> **Toutes** les anciennes colonies françaises sont indépendantes aujourd'hui. (*All*)
> Ne faites pas **tout** ce bruit!
> Je vous fais **toutes** mes excuses.

K. Les adjectifs "aucun" et "nul"

Aucun et **nul** sont des adjectifs indéfinis négatifs qui s'emploient surtout au singulier. Ils sont à peu près synonymes, **nul** étant plus littéraire. Ils exigent un **ne** négatif:

> **Aucune** tâche
> **Aucun** travail } **n'**est trop difficile pour lui. (*No work is*)

> **Nulle** tâche
> **Nul** travail } **n'**est trop difficile pour lui. (*No work is*)

---

[1]**Tous** adjectif se prononce "tou"; **tous** pronom se prononce "tousse" :

Tous les garçons sont ici. ("tou")
Les garçons sont **tous** ici. ("tousse")
Cet argent est pour nous **tous**. ("tousse") (*all of us*)

L. Les adjectifs "quelque", "quel que", etc. + "que"

L'adjectif indéfini **quelque** et les adjectifs interrogatifs **quel, quelle, quels, quelles** se combinent avec le **relatif que** pour former des locutions indéfinies, toujours suivies du subjonctif (voir A-B, p. 70):

> **Quelque** chagrin **que** vous **ayez**, persévérez. (*Whatever sorrow*)
> **Quel que soit** votre chagrin, persévérez. (*Whatever your sorrow*)
> **Quelle que soit** la difficulté, persévérez. (*Whatever the difficulty*)
> **Quelles que soient** ses questions, répondez. (*Whatever his questions*)

M. L'adjectif "quelconque"

Quelconque veut dire: de n'importe quel genre, de n'importe quelle espèce:

> Ce n'est pas une voiture **quelconque**, c'est une voiture de luxe. (*just any*)
> Il était en train de boire un cocktail **quelconque**. (*some cocktail or other*)

Par extension, **quelconque** comme adjectif qualificatif a le sens de "médiocre":

> Cette pièce a été jouée par des acteurs médiocres dans un décor très **quelconque**.
> Je voudrais trouver un travail **quelconque**.
> Je ne suis pas prêt à accepter **n'importe** quel travail. (*just any*).

N. L'adjectif "même"

1. Placé après un nom abstrait, le personnifie:

> Cet homme est l'**ingratitude même**. (*ingratitude itself*)

2. Placé après un nom ou un pronom désignant un objet ou une personne, le met en relief (voir Pour traduire 1, p. 108):

> Ses parents **mêmes** ne l'aimaient pas. (*His very parents*)
> Lui-**même** ne savait pas ce qu'il voulait. (*He himself*)
> Écris-lui toi-**même**. (*yourself*)

3. Placé avant le nom et précédé de l'article, indique la similitude:

> Nous avons les **mêmes** amis, les **mêmes** habitudes, nous lisons le **même** journal. (*the same*)

O. L'adjectif "tel"

1. Indique la ressemblance ou l'équivalence:

> Je n'ai jamais vu une robe **telle** que la vôtre. (*such as*)
> **Tel** père, **tel** fils. (*Like father, like son*)

2. A une valeur démonstrative:

> **Telle** est mon histoire. (*Such*)
> Il faut prendre les hommes **tels** qu'ils sont. (*as*)

41. Les pronoms indéfinis

A. Définition

Comme leur nom l'indique, les pronoms indéfinis remplacent un antécédent indéfini, c'est-à-dire une personne, un objet ou une abstraction non précisés. Ainsi, par exemple, **quelqu'un** (*someone*) se réfère à une personne sans préciser son identité; **quelque chose** (*something*) se réfère à un objet ou à une abstraction sans préciser sa nature; **plusieurs** (*several*) n'indique pas de combien d'unités il s'agit, etc. Les principaux pronoms indéfinis sont:

chacun (e)	quelqu'un (e)[1]
quelques-un(e)s	quelque chose
tout(e)	autre(s)
tous/toutes	plusieurs
on	quiconque
	n'importe qui/n'importe quoi

Il ne faut pas confondre les pronoms indéfinis et les adjectifs indéfinis qui leur correspondent (voir A, p. 120).

B. Le pronom "chacun", "chacune"

Le pronom indéfini **chacun, chacune** correspond à l'adjectif indéfini **chaque** (voir 51:D, p. 121):

> Mes trois sœurs sont médecins et **chacune** a une spécialité différente. (*each one*)
> **Chacun** de nous savait ce qu'il devait faire. (*Each one*)

Chacun veut aussi dire **tout le monde**, chaque personne en général. Dans ce cas, il est toujours masculin singulier:

> **Chacun** fait ce qu'il croit juste. (*Each man, Everyone*)

C. Le pronom "quelqu'un", "quelqu'une"

Le pronom indéfini **quelqu'un, quelqu'une**,[1] **quelques-uns, quelques-unes** correspond à l'adjectif indéfini **quelque** (voir C, p. 121). Au singulier, ce pronom ne remplace que des personnes. Au pluriel, il remplace des personnes et des choses:

> **Quelqu'un** sonne à la porte. (*Someone*)
> Il semblait attendre **quelqu'un**. (*someone*)
> Il était avec **quelqu'un** de ses amis. (*[some] one*)
> À la gare, **quelques-uns** arrivaient, d'autres attendaient. (*some [trains]*)
> Parmi ses tableaux, **quelques-uns** sont magnifiques. (*some [of them], a few [of them]*)
> Il ne connaît que **quelques-unes** des étudiantes. (*some of, a few of*)

---

[1]**Quelqu'une** est rare et toujours suivi d'un **de** partitif:

Elle était avec **quelqu'une de** ses amies.

On dirait plutôt:

Elle était avec
{
une de ses amies.
une dame qui semblait être son amie.
une amie.
etc.

Quelques-uns, quelques-unes est une expression de quantité, employée avec l'article partitif. À la forme pronominale, il exige donc en:

> J'ai vu quelques-unes de ses pièces; j'en ai vu quelques-unes. (some [of them], a few [of them])
>
> Avez-vous des livres d'art? Oui, j'en ai acheté quelques-uns. (some [of them], a few [of them])

Le pronom quelque chose (de) correspond au pronom indéfini quelqu'un, quelqu'une, et s'emploie pour les choses:

> Il semblait attendre quelque chose. (something)
>
> Quelque chose me dit que je n'aurais pas dû insister. (Something)

Remarquer la structure quelque chose de + adjectif (voir 7, p. 158):

> Je voudrais manger quelque chose de bon. (something)

D. Le pronom "tout", "toute", etc.

Le pronom indéfini tout, toute, tous, toutes correspond à l'adjectif indéfini qui a les mêmes formes (voir J, p. 122). Il indique la totalité de ce à quoi il se réfère:

> Ce garçon croit qu'il sait tout. (everything)
>
> Mes amis étaient tous là. (all)

Seule la forme tout peut s'employer comme complément d'objet sans être en apposition à un autre pronom complément d'objet:

> Il comprend tout. (complément d'objet direct)
>
> Il s'intéresse à tout. (complément d'objet indirect)

Mais: Connaissez-vous ces jeunes filles? Oui, je les connais toutes. (en apposition à les)

Notre médecin nous a donné à tous des médicaments. (en apposition à nous)

Dans les temps composés tout, toute, tous, toutes complément d'objet est généralement placé entre le verbe auxiliaire et le participe passé, sauf lorsqu'il est introduit par une préposition:

> Il a tout compris.
>
> Ils se sont tous trompés.

Mais: Ils se sont intéressés à tout.

Quand tout est suivi d'un pronom relatif, c'est généralement de ce qui ou ce que (voir F, p. 118):

> Fais tout ce qui te plaît.
>
> Fais tout ce que tu veux.
>
> Il fait tout ce que sa femme lui ordonne.

Tous pronom se prononce "tousse". Tous adjectif se prononce "tou" (voir Note[1], p. 122).

E. Le pronom "autre"

Le pronom indéfini **autre** correspond à l'adjectif indéfini **autre** (voir F, p. 121). Il s'emploie toujours avec un article. Précédé de l'article indéfini, il veut dire: un individu quelconque, différent d'un individu déjà désigné ou de celui qui parle:

> Il a décidé de partir; **un autre** aurait eu le courage de rester. (*someone else, another*)
> C'est elle qui a fait le travail, mais c'est **une autre** qui a été payée. (*another [woman]*)

Précédé de l'article défini, **autre** s'oppose à l'**un** ou, au pluriel, à **les uns**:

> L'**un** est parti, l'**autre** est resté. (*The one . . . the other*)
> Voici deux solutions: l'**une** est simple, l'**autre** est complexe. (*the one . . . the other*)
> Les **uns** travaillent, les **autres** se reposent. (*Some . . . some [others]*)
> Aimez-vous **les uns les autres**. (*one another*)

F. Le pronom "plusieurs"

Le pronom indéfini **plusieurs** correspond à l'adjectif indéfini **plusieurs** (voir G, p. 121) et veut dire: un assez grand nombre. Il est invariable:

> J'ai invité tous mes amis; **plusieurs** ont refusé de venir. (*several*)
> Il a eu une crise cardiaque; il en a même eu **plusieurs**. (*several*)

G. Le pronom "on"

Le pronom indéfini **on** s'emploie uniquement comme sujet. Il est toujours de la troisième personne singulier, généralement masculin. Il désigne, d'une manière générale, une ou plusieurs personnes.

Les emplois de **on** sont très variés:

1. **On** indéterminé remplace les pronoms personnels de la troisième personne. Dans ce cas, il se rapproche de **quelqu'un** ou de **n'importe qui**.

> **On** a construit une maison. (**Quelqu'un** a) (Dans cette phrase, toute l'importance est donnée à l'action; la personne ou les personnes qui ont fait l'action ne sont pas importantes.)
> C'est merveilleux! **On** a découvert un médicament qui guérit le cancer.

On m'a dit que l'on[1] va augmenter le prix des billets d'avion.

On ne fait pas toujours ce que l'on[1] veut. (n'importe qui en général . . .)

Dans ce dernier exemple, **on** veut dire: l'humanité en général, et est l'employé dans ce sens pour énoncer des maximes:

On a souvent besoin d'un plus petit que soi. (La Fontaine)

On obéit facilement à la personne qu'on aime. (Mme Montmarson)

2. **On** déterminé peut remplacer n'importe quel pronom personnel, que pour une raison ou pour une autre l'on ne veut pas désigner plus explicitement:

Monsieur, **on** vous aime. (Par pudeur, au lieu de **je** vous aime.)

Alors, **on** vient enfin voir ses amis? (Ironiquement, au lieu de **tu** viens . . . **vous** venez . . .)

On m'a dit qu'**on** ne voulait plus me voir. (Ironiquement, au lieu de **il, elle,** m'a dit . . .)

3. Quand **on** est nettement déterminé, les accords se font, bien que le verbe reste toujours à la troisième personne du singulier:

À quatre heures, **on** était habillées et prêtes à sortir. (**On** désigne un féminin pluriel.)

4. **On** est toujours sujet; le pronom complément d'objet qui correspond à **on** est **te** ou **vous** :

Dans cet hôtel, on **te** sert le petit déjeuner au lit.

Je reviens d'Espagne : on **vous** y traite avec courtoisie.

5. **On** peut s'employer pour éviter le passif (voir 2, p. 39).

Pour traduire

1. **On** peut être traduit en anglais de plusieurs façons; le contexte permet de choisir celle qui convient le mieux:

En France, **on** mange des escargots.

In France,	*one eats snails.*
	people eat snails.
	you eat snails.
	we eat snails.
	they eat snails.
	snails are eaten.

---

[1]Pour des raisons phonétiques, après **si, où, que** et **et, on** peut être précédé de l', sauf devant **le, la** et **les**:

Si **l'on** est snob, on achète des livres que **l'on** ne lira pas.

On mangera où **l'on** pourra et **l'on** mangera vite.

Mais: Si **on** le veut, on achètera des fruits et **on** les mangera.

Cet emploi du l' appartient surtout à la langue écrite.

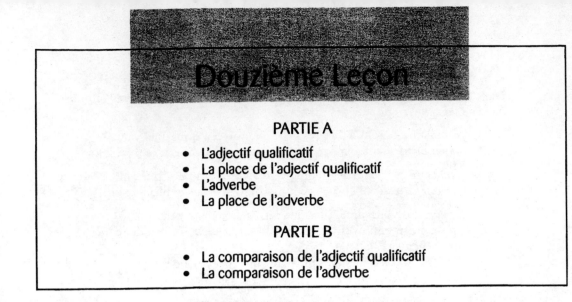

PARTIE A

- L'adjectif qualificatif
- La place de l'adjectif qualificatif
- L'adverbe
- La place de l'adverbe

PARTIE B

- La comparaison de l'adjectif qualificatif
- La comparaison de l'adverbe

PARTIE A

42. L'adjectif qualificatif

A. Définition

L'adjectif qualificatif exprime une qualité du nom auquel il se réfère; il s'accorde en genre et en nombre avec ce nom :

la **grande** porte   les animaux **sauvages**   les hommes **intelligents**

B. La formation du féminin

1. Le féminin de l'adjectif se forme en ajoutant un **e** muet à la forme masculine, sauf si le masculin est déjà terminé par un **e** muet, dans quel cas les deux genres ont la même forme:

grand	petit	utile	large	militaire
grande	petite			

2. Les changements orthographiques qu'entraîne la formation du féminin pour certains noms se produisent aussi dans le cas de l'adjectif qualificatif :

    a. La terminaison **-f** devient **-ve**:

neuf	vif	destructif
neuve	vive	destructive

    b. La terminaison **-x** devient **-se**:

heureux	amoureux	peureux
heureuse	amoureuse	peureuse

c. La terminaison -er devient -ère:

premier	cher	amer
première	chère	amère

d. La terminaison -eur devient -euse:

moqueur	travailleur
moqueuse	travailleuse

Cependant, un certain nombre d'adjectifs en -eur, formés à partir d'un comparatif latin, forment leur féminin en ajoutant un e muet:

antérieur (e)	inférieur (e)	supérieur (e)	mineur (e)
extérieur (e)	postérieur (e)	majeur (e)	meilleur (e)

e. La plupart des adjectifs en -teur forment leur féminin en -trice:

destructeur	protecteur
destructrice	protectrice

Mais:

flatteur	enchanteur
flatteuse	enchanteresse

f. Souvent, la consonne finale d'un adjectif se double (en particulier pour les adjectifs en -el, -eil, -en, -on, -as et -os):

cruel	pareil	chrétien
cruelle	pareille	chrétienne

muet	bon	gras	gros
muette	bonne	grasse	grosse

Mais:

complet	concret	discret	inquiet	secret
complète	concrète	discrète	inquiète	secrète

g. Un grand nombre d'adjectifs sont irréguliers et forment leur féminin de façon spéciale. Les plus communs sont:

MASCULIN	FÉMININ	MASCULIN	FÉMININ
blanc	blanche	gentil	gentille
doux	douce	grec	grecque
épais	épaisse	long	longue
faux	fausse	malin	maligne
favori	favorite	public	publique
fou	folle	roux	rousse
frais	fraîche	sec	sèche
franc	franche		

h. Les adjectifs **beau, nouveau** et **vieux** ont les formes spéciales **bel, nouvel** et **vieil** quand ils précèdent un nom masculin singulier qui commence par une voyelle ou par un **h** muet. On forme le féminin de ces adjectifs à partir des formes spéciales:

un **bel** homme	un **nouvel** hôpital	un **vieil** ami
une **belle** femme	une **nouvelle** histoire	une **vieille** voiture

C. Le pluriel de l'adjectif

1. Le pluriel de l'adjectif qualificatif se forme généralement en ajoutant un **s** au singulier (masculin et féminin). Toutefois, si le singulier est déjà terminé par un **s** ou par un **x**, il n'y a aucun changement:

grand	gros	cruel	heureux
grande	grosse	cruelle	heureuse
grands	gros	cruels	heureux
grandes	grosses	cruelles	heureuses

2. Les adjectifs ayant **-au** ou **-al** pour terminaison au singulier forment leur pluriel de la même façon que les noms ayant les mêmes terminaisons (voir C:2 et 3, p. 79-80):

beau	cordial
beaux	cordiaux

D. Difficultés d'accord

1. Avec un nom collectif au singulier suivi d'un complément au pluriel, l'adjectif peut s'accorder soit avec le collectif, soit avec son complément:

> Un régiment de soldats **décidés** (ou **décidé**) à vaincre. (Le régiment est **décidé**, ou les soldats sont **décidés**.)

Cependant, l'adjectif ne peut parfois s'appliquer logiquement qu'à l'un des deux termes:

> Une douzaine de soldats **blessés**. (Les soldats sont blessés, la douzaine ne peut pas l'être.)
> Un nombre de soldats aussi **élevé** n'a jamais été capturé. (Le nombre est élevé, les soldats ne le sont pas.)

2. Les adjectifs simples désignant la couleur s'accordent normalement:

> une robe **bleue**, des cravates **vertes**, des chemises **jaunes**

Les adjectifs composés désignant la couleur sont invariables:

> une robe **bleu clair**, des cravates **vert foncé**, des chemises **jaune pâle**

3. Lorsqu'un adjectif qualifie des noms de genres différents il doit être mis au masculin pluriel. Dans ce cas, on rapproche le nom masculin de l'adjectif:

> une élégance et un charme **parfaits**

43. La place de l'adjectif qualificatif

A. Emploi

Il n'y a guère de règles absolues en ce qui concerne la place de l'adjectif qualificatif par rapport au nom. Certains adjectifs précèdent habituellement le nom; d'autres le suivent. Les principes généraux ci-dessous sont valables surtout pour la prose, puisque la plus grande liberté est permise en poésie.

B. L'adjectif qualificatif après le nom

Dans la majorité des cas, l'adjectif suit le nom; en particulier, les adjectifs:

1. Qui indiquent la couleur ou la forme:

    un cheval **blanc**, une automobile **vert foncé**, le ciel **bleu**
    un visage **oval**, une maison **carrée**, un terrain **rectangulaire**

2. Qui indiquent la nationalité, l'origine, la religion, l'office ou qui dérivent d'un nom propre:

    un poète **espagnol**, une chanson **parisienne**, un village **breton**
    une cérémonie **catholique**, un pasteur **protestant**, l'humour **juif**
    une voiture **présidentielle**, une ordonnance **municipale**
    un drame **cornélien**, la géométrie **euclidienne**, la stratégie **napoléonienne**

3. Qui sont formés par un participe passé ou un participe présent:

    une porte **ouverte**, un travail **fini**, une conversation **animée**
    un catholique **pratiquant**, une femme **charmante**, des nouvelles **inquiétantes**

4. Qui sont qualifiés par un adverbe:

    un enfant **gravement malade**, une nouvelle **entièrement fausse**

    Les adjectifs qualifiés par un adverbe "court" tel que **très, plus, assez**, etc., peuvent se placer soit avant soit après le nom. On dit:

un **très court** voyage	ou: un voyage **très court**
un **plus grand** danger	ou: un danger **plus grand**
une **assez bonne** soupe	ou: une soupe **assez bonne**

C. L'adjectif qualificatif devant le nom

Néanmoins, certains adjectifs qualificatifs précèdent généralement le nom, en particulier:

1. Ceux qui qualifient un nom propre:

    Le **cruel** Néron était le fils de l'**ambitieuse** Agrippine.
    Les **pacifiques** Incas furent battus par les **belliqueux** Espagnols.

2. Une série d'adjectifs, généralement courts, employés très souvent dans la langue de tous les jours et qui indiquent une qualité facilement associée au nom qu'ils qualifient:

un **beau** tableau	Mais: un tableau **remarquable**
une **bonne** réponse	une réponse **intelligente**
de **gentils** garçons	des garçons **insupportables**
un **long** voyage	un voyage **passionnant**
un *nouveau* roman	un roman **incompréhensible**
de jolis chapeaux	des chapeaux **extraordinaires**
une **mauvaise** note	une note **surprenante**
une **grande** maison	une maison **minuscule**

Cependant, quand on veut mettre un de ces adjectifs qualificatifs en valeur, le faire ressortir d'une manière plus frappante, on aura tendance à le placer après le nom:

Bien que j'aie donné une réponse **bonne**, j'ai reçu une note **mauvaise**.

D. Quand deux adjectifs qualifient le même nom

1. Chaque adjectif prend sa place habituelle:

une **jolie** fleur **bleue** (on dit: une **jolie** fleur; une fleur **bleue**.)
le **jeune** ami **grec** (on dit: le **jeune** ami; l'ami **grec**.)
une **grande** maison **carrée** (on dit: une **grande** maison; une maison **carrée**.)

2. Quand les deux adjectifs ont la même place et la même valeur (c'est-à-dire qu'ils ont la même importance), ils sont généralement joints par la conjonction **et**:

un grand **et** beau tableau
un jeune **et** gentil garçon
une robe blanche **et** rouge

3. Quand deux adjectifs qui n'ont pas la même valeur suivent le nom, l'un d'eux qualifie généralement une sorte de nom composé formé par le nom et l'autre adjectif, et vient en dernier:

Un catholique pratiquant **français**. (L'adjectif **français** qualifie le "nom composé" **catholique pratiquant**. C'est l'adjectif **français** qui est mis en valeur.)
Un catholique français **pratiquant**. (L'adjectif **pratiquant** qualifie le "nom composé" **catholique français**. C'est l'adjectif **pratiquant** qui est mis en valeur.)

Cela est encore plus marqué quand deux adjectifs qui n'ont pas la même valeur précèdent le nom. Dans ce cas, un des adjectifs, placé à côté du nom, forme généralement avec ce nom une expression courante, qualifiée par le premier adjectif:

une belle **jeune fille**	un beau **petit garçon**
un vrai **grand homme**	un admirable **nouveau film**

Pour traduire

1. Certains adjectifs qualificatifs ont un sens différent selon qu'ils précèdent ou qu'ils suivent le nom:

un ancien élève	*a former student, an alumnus*
l'histoire ancienne	*ancient history*
un brave garçon	*a good boy*
un garçon brave	*a brave boy*
un vieil ami	*an old friend*
un ami vieux	*an aged friend*
un certain risque	*a certain risk, some risk*
un risque certain	*an unquestionable risk*
cher Philippe	*dear Philip*
une robe chère	*an expensive dress*
différentes personnes	*various persons*
des personnes différentes	*different persons*
un grand homme	*a great man*
un homme grand	*a tall man*
le même courage	*the same courage*
le courage même	*courage itself*
ma propre chemise	*my own shirt*
ma chemise propre	*my clean shirt*
pauvre garçon!	*poor boy!*
un garçon pauvre	*a moneyless boy*
etc.	

2. On remarquera dans la liste ci-dessus que certains adjectifs ont un sens propre (ou objectif) et un sens figuré (ou subjectif). Au sens propre, ils suivent généralement le nom, au sens figuré ils le précèdent. Par exemple l'adjectif **brave**, au sens propre, veut dire "qui a du courage" (valeur objective) et suit généralement le nom. Au sens figuré, **brave** veut dire "gentil, honnête, travailleur ..." (valeur subjective) et précède généralement le nom. On dit donc, au sens figuré, de **noirs** pressentiments. (*dark forebodings*) (mais un chien **noir**), d'**étroites** relations (mais une porte **étroite**), etc.

3. Les adjectifs **prochain** et **dernier** suivent le nom dans une expression de temps avec **an, année, mois, semaine**, etc.:

L'année **dernière** j'étais en France, l'an **prochain** j'irai en Italie.

Cependant, lorsqu'il s'agit d'indiquer une place dans une série, **prochain** et **dernier** précèdent le nom:

Les **dernières** années du règne de Louis XIV furent désastreuses.
La **prochaine** fois, ne partons pas à la **dernière** minute.
J'habite la **dernière** maison de la **prochaine** rue.

44. L'adverbe

A. Définition

L'adverbe modifie un verbe, un adjectif ou un autre adverbe:

> Nous allons **quelquefois** au théâtre. (modifie le verbe **aller**)
> Madame Curie était une femme **vraiment** géniale. (modifie l'adjectif **géniale**)
> Nous allons **très** rarement au cinéma. (modifie l'adverbe **rarement**)

On distingue les adverbes de manière (qui répondent à la question **comment?**), de quantité (qui répondent à la question **combien?**), de lieu (qui répondent à la question **où?**), de temps (qui répondent à la question **quand?**):

> manière: **bien, mal, lourdement, catégoriquement**, etc.
> quantité: **assez, très, aussi, trop, peu**, etc.
> lieu: **dehors, devant, ici, où, partout, loin**, etc.
> temps: **demain, ensuite, quelquefois, toujours, tôt, tard**, etc.

B. Formation

1. La majorité des adverbes de manière se forment par l'adjonction du suffixe **-ment** au féminin singulier de l'adjectif (ou au masculin singulier s'il se termine en **e** muet):

forte	grande	calme
forte**ment**	grande**ment**	calme**ment**

   Mais:

précise	profonde	énorme	aveugle
préci**sément**	profon**dément**	énor**mément**	aveu**glément**

2. Pourtant, si le masculin singulier de l'adjectif se termine par **ai, é, i** ou **u**, il forme directement l'adverbe par l'adjonction du suffix **-ment**:

vrai	obstiné	joli	éperdu
vrai**ment**	obstiné**ment**	joli**ment**	éperdu**ment**

3. Quand le masculin singulier de l'adjectif a **-ant** pour terminaison, on forme l'adverbe en remplaçant cette terminaison par le suffixe **-amment**:

indépend**ant**	puiss**ant**
indépend**amment**	puiss**amment**

4. Quand le masculin singulier de l'adjectif a **-ent** pour terminaison, on forme l'adverbe en remplaçant cette terminaison par le suffixe **-emment** (qui se prononce "amment"):

décent	intelligent
décemment	intelligemment

45. La place de l'adverbe

A. Emploi

Il n'y a guère de règles absolues en ce qui concerne la place de l'adverbe. De façon générale, l'adverbe qui modifie un verbe se place immédiatement après un temps simple et, quand il s'agit d'un temps composé, entre le verbe auxiliaire et le participe passé:

> La rivière coulait **lentement** sous le pont.
> Je comprends **parfaitement** votre inquiétude.
> L'accusé avait **obstinément** refusé les conseils de l'avocat.
> Votre roman aura **vraiment** eu du succès.

Cependant, pour mettre l'adverbe en valeur, on peut souvent le placer soit au début, soit à la fin de la phrase:

> **Lentement,** la rivière coulait sous le pont.
> La rivière coulait sous le pont **lentement**.

> **Obstinément,** l'accusé a refusé les conseils de l'avocat.
> L'accusé a refusé les conseils de l'avocat **obstinément**.

B. Les adverbes de temps et de lieu

1. La plupart des adverbes de temps tels que **tôt, tard, aujourd'hui, autrefois, maintenant, d'abord, ensuite,** etc. et de lieu tels que **ici, là, partout, ailleurs,** etc., peuvent se placer soit avant le sujet, soit après le verbe, soit après le complément d'objet:

> **Maintenant** je comprends votre inquiétude.
> Je comprends **maintenant** votre inquiétude.
> Je comprends votre inquiétude **maintenant**.

> Il refuse **d'abord, ensuite** il accepte.
> Nous habitons **ici,** mais nous travaillons **là-bas.**
> **Ailleurs** tu seras plus heureux.
> Il cherche **partout** la première édition de *La Chute*.

2. Avec un temps composé, les adverbes de temps et de lieu suivent généralement le participe passé:

> J'ai beaucoup travaillé **hier** et je ne pourrai pas travailler **demain**.
> Nous l'avons cherché **partout** et nous l'avons trouvé **là-bas**.

Cependant, les adverbes de temps **toujours, souvent** et **déjà** se placent généralement avant le participe passé, et l'adverbe de temps **puis** avant le sujet du verbe:

> J'ai **toujours** pensé à lui et je lui ai **souvent** écrit.
> Il a **déjà** réussi à trouver un poste intéressant.

> Nous sommes allés au cinéma, **puis** nous avons pris un café.

C. **Adverbes modifiant un autre adverbe ou un adjectif**

Les adverbes qui modifient un adjectif ou un autre adverbe précèdent le mot qu'ils modifient:

> Il a acheté une **très** grande maison qui est **assez** moderne.
> Il travaille **trop** lentement, mais **relativement** bien.

D. **Adverbes entraînant l'inversion du sujet et du verbe**

Quand ils sont placés au début de la phrase, certains adverbes entraînent l'inversion du sujet et du verbe. Comparez:

> Vous m'avez **peut-être** mal compris.
> **Peut-être** m'avez-vous mal compris.

> Il devrait **du moins** s'excuser.
> **Du moins** devrait-il s'excuser.

> J'avais **à peine** fini qu'il fallait recommencer.
> **À peine** avais-je fini qu'il fallait recommencer.

(Voir Pour traduire, 4, p. 142.)

PARTIE B

46. La comparaison de l'adjectif qualificatif

A. **Formation du comparatif**

En général, le comparatif se forme en faisant précéder l'adjectif qualificatif des adverbes de quantité suivants:

Comparatif d'égalité: **aussi**[1]

> L'indépendance économique est **aussi** importante que l'indépendance politique.

Comparatif de supériorité: **plus**[2]

> L'indépendance économique est **plus** importante que l'indépendance politique.

Comparatif d'infériorité: **moins**[2]

> L'indépendance économique est **moins** importante que l'indépendance politique.

---

[1]Quand il y a négation, si remplace **aussi**:

Prenez garde: la marijuana n'est pas **si** inoffensive que vous le pensez.
Rien n'est **si** méprisable que le racisme.
Je suis aussi courageux que lui, mais pas **si** imprudent.
Cette règle n'est pas toujours observée, surtout dans la langue parlée.

[2]**Plus** et **moins** adverbes de quantité exigent la préposition **de** devant un adjectif numéral:

Il a moins **de** cinquante francs.
Plus **de** cent cinquante pièces ont été jouées en 1958.

Le complément du comparatif est introduit par la conjonction **que**:

> La Lune est plus petite **que** la Terre.
> Cette loi est moins juste **que** sévère.
> Nous sommes aussi intelligents **qu**'eux.
> L'état des finances de notre société est meilleur **que** l'an dernier, mais moins bon **qu**'il y a deux ans.

B. Formation du superlatif

Le superlatif se forme en faisant précéder l'adjectif qualificatif des adverbes de quantité **plus** et **moins** et de l'article défini. On remarque donc que le superlatif se distingue du comparatif par la présence de l'article défini qui le précède et qui s'accorde avec le nom:

> L'avion **le plus grand** n'est pas nécessairement **le plus rapide**.
> Le cancer est **la plus terrible** des maladies.
> Cette route est **la moins longue**, mais aussi **la moins pittoresque**.
> Il faut trouver les mesures **les plus efficaces**.

Le complément du superlatif est introduit par la préposition **de**:

> C'est la nouvelle la plus sensationnelle **de** l'année.
> Le Louvre n'est-il pas le musée le plus riche **du** monde?
> **De** tous les moyens de transport, l'avion est le moins dangereux.

C. Formes irrégulières du comparatif et du superlatif

1. ˙ Remarquer les formes irrégulières suivantes:

	COMPARATIF	SUPERLATIF
bon	meilleur	le meilleur
mauvais	{ plus mauvais { pire	{ le plus mauvais { le pire
petit	{ plus petit { moindre	{ le plus petit { le moindre[1]

> L'équipe française est **bonne**, l'italienne est **meilleure**, mais la brésilienne est **la meilleure** de toutes.
> Pour la santé, les cigarettes sont **plus mauvaises (pires)** que la pipe.
> L'injustice est **le pire** des désordres.
> Je l'ai épousée pour **le meilleur** et pour **le pire**.
> La peur de la guerre n'est pas **moindre** dans mon pays que dans le vôtre.
> Je n'ai pas **la moindre**[1] envie de partir. (... *the slightest desire* ...)
> Ne me remerciez pas, c'est **la moindre** des choses. (... *the least I can do*.)
> S'il pleure, consolez-le, c'est **la moindre** des choses. (... *the least you can do*.)

---

[1]**Moindre** qualifie le plus souvent des abstractions. **Plus petit** qualifie le plus souvent des êtres ou des objets, et se traduit généralement par *the smallest*. Comparer:

Le moindre effort le fatigue. (*The slightest effort* ...)
Le bijou **le plus petit** est le plus cher. (*The smallest piece of jewelry* ...)

L'opinion de mon cousin est **le moindre** de mes soucis. (... *the least of my worries*.)
Le plus petit de ces enfants n'est pas le plus faible. (*The smallest of these children* ...)

Pire est plus littéraire que **plus mauvais** et s'emploie donc moins fréquemment:

> L'injustice est **le pire** des désordres (Zola).
> Je l'ai épousée pour **le meilleur** et pour **le pire.**

2. Comme pour les autres adjectifs, ces superlatifs irréguliers se forment simplement en ajoutant l'article défini au comparatif:

Je trouve cette solution $\begin{Bmatrix} \text{plus mauvaise} \\ \text{pire} \end{Bmatrix}$ que la mienne.

Je trouve cette solution $\begin{Bmatrix} \text{la plus mauvaise} \\ \text{la pire} \end{Bmatrix}$ de toutes.

> Votre idée nous semble **meilleure.**
> Votre idée nous semble **la meilleure.**

3. Il existe aussi les comparatifs dits "savants", **inférieur, supérieur, antérieur** et **postérieur,** qui introduisent leur complément par la préposition **à:**

> Le règne de Louis XIV est **antérieur à** celui de Charles X.
> Les cantates de Bach sont **supérieures à** toutes les autres.
> La découverte de l'Amérique est **postérieure aux** Croisades.

D. La place du comparatif et du superlatif

La place du superlatif est généralement déterminée par la place usuelle de l'adjectif qualificatif (voir 43, p. 131-132).

> D'après vous, quelle est la question écologique **la plus urgente?**
> Laissez-moi vous montrer **le plus beau** tableau de la collection.

1. Quand l'adjectif suit le nom, son comparatif et son superlatif se forment sans difficulté:

Le chapeau $\begin{Bmatrix} \text{élégant} \\ \text{plus élégant} \\ \text{le plus élégant} \end{Bmatrix}$ coûte 100 francs.

Il a choisi les questions $\begin{cases} \text{difficiles.} \\ \text{plus difficiles.} \\ \text{les plus difficiles.} \end{cases}$

Ces résultats sont $\begin{cases} \text{mauvais.} \\ \text{pires que je ne craignais.} \\ \text{les pires que nous ayons jamais obtenus.} \end{cases}$

2. Quand l'adjectif précède le nom

    a. Et qu'il est lui-même précédé d'un article défini, on ne répète pas l'article en formant le superlatif:

        La **bonne** bière coûte cher.   La **belle** fille est assise.
        La **meilleure** bière coûte cher.   La **plus belle** fille est assise.

    b. Et qu'il est lui-même précédé d'un adjectif possessif, on omet l'article en formant le superlatif:

        Mon jeune chien est malade.
        Mon plus jeune chien est malade.

        La sécheresse est la cause de **notre mauvaise** récolte.

        La sécheresse fut la cause de **notre** $\begin{cases} \textbf{plus mauvaise} \\ \textbf{pire} \end{cases}$ récolte.

    c. On remarquera que dans les deux cas ci-dessus, les formes du comparatif et du superlatif sont identiques:

        La **meilleure** bière ...   *The better (best) beer ...*
        Notre **pire** récolte ...   *Our worse (worst) crop ...*

        Le sens est généralement donné par le contexte. On peut d'ailleurs éviter la difficulté en plaçant le superlatif après le nom:

        La bière **la meilleure** ...   *The best beer ...*
        Notre récolte **la pire** ...   *Our worst crop ...*

Pour traduire

La préposition **de**, qui introduit le complément du superlatif, se traduit généralement par *in* ou par *of*:

        la plus brillante **de** la classe
        the most brillant girl in the class

        Dans le pire **des** cas, il devra payer une amende.
        In the worst of cases, he'll have to pay a fine.

        Le chien est le plus fidèle **des** animaux.
        The dog is the most faithful of animals.

        Ce musée est le plus riche **du** monde.
        This museum is the richest in the world.

47. La comparaison de l'adverbe

A. Formation

1. La comparaison de l'adverbe se fait sur le même modèle que la comparaison de l'adjectif (voir 46, p. 136-139). Cependant, comme l'adverbe est invariable, l'article défini qui accompagne le superlatif est toujours masculin:

> Comparatif d'égalité: **aussi, si**
> Comparatif de supériorité: **plus**[1]
> Comparatif d'infériorité: **moins**
> Superlatif: **le plus, le moins**

Il dépense son argent **aussi** bêtement que vous.
Aucun auteur ne composait **si** facilement qu'Alexandre Dumas.

Les Français ont changé de gouvernement **plus** souvent que les Américains.
Le soleil se lève **moins** tôt en hiver qu'en été.

C'est *Le Monde* qui a analysé la situation **le plus** clairement.
Il faut lui annoncer cette mauvaise nouvelle **le moins** brutalement possible.

Les jeunes sont ceux qui souffrent **le plus** du chômage.
L'équipe de rugby qui s'entraîne **le moins** risque d'arriver dernière.

2. Certains adverbes se comparent de façon irrégulière (comparer à C, p. 137):

	COMPARATIF	SUPERLATIF
beaucoup	plus[1]	le plus
mal	{ plus mal { pis	{ le plus mal { le pis
bien	mieux	le mieux
peu	moins	le moins

(Voir Pour traduire, 1, p. 141.)

Eugène Sue a **beaucoup** écrit, Balzac a écrit **plus** que lui, mais c'est Victor Hugo qui a écrit **le plus**.
Personne ne conduit bien chez nous: mon fils conduit **mal**, ma femme conduit **plus mal** que lui, et c'est moi qui conduis **le plus mal**.
Personne ne conduit mal chez nous: mon fils conduit **bien**, ma femme conduit **mieux** que lui, et c'est moi qui conduis **le mieux**.
Parmi les fonctionnaires, les douaniers sont **peu** payés, les employés des postes sont payés **moins** que les douaniers, et ce sont les instituteurs que l'on paye **le moins**.

---

[1]L'adverbe **davantage** est pratiquement synonyme de **plus**:

J'aime bien le cinéma, mais j'aime **davantage** le théâtre.
La France a produit quelques grands compositeurs; l'Allemagne en a produit **davantage**.

Les formes **pis** et **le pis** sont archaïques et ne se trouvent plus guère que dans des expressions toutes faites:

aller de mal en pis	(to go *from bad to worse*)
le pis est	(*the worst is*)
il y a pis	(*there is worse, what is worse*)

La situation économique **allant de mal en pis**, le gouvernement a pris des mesures énergiques.
*Since the economic situation **was going from bad to worse**, the government took stringent measures.*

La surpopulation est un problème grave et **le pis est** que l'on ne sait pas comment le résoudre.
*Overpopulation is a serious problem, and **the worst thing about it is** that we don't know how to solve it.*

Les écoles sont surpeuplées, mais **il y a pis**: elles tombent en ruine.
*Schools are overcrowded, but **what is worse**, they are dilapidated.*

Il n'y a rien de **pis** que le racisme.
*There is nothing **worse** than racism.*

Pour traduire

1. Les étudiants de langue anglaise ont tendance à confondre les adjectifs **bon** et **mauvais** avec les adverbes **bien** et **mal**. D'autant plus que *good* et *well* ont le même comparatif et le même superlatif: *better, best*; de même *bad* et *badly*: *worse, worst*. En français, il faut prendre soin d'utiliser l'adjectif pour qualifier un nom et l'adverbe pour qualifier un verbe, un adjectif ou un autre adverbe:

ADJECTIFS

> **Bon** voyage!
> *Le Père Goriot* est un **bon** roman, mais je trouve qu'*Eugénie Grandet* est encore **meilleur**.
> Les plaisanteries les plus courtes sont souvent **les meilleures**.
> Quel **mauvais** temps!
> Mon idée est peut-être **mauvaise**, mais elle n'est pas **pire** (**plus mauvaise**) que la vôtre.
> C'est dans cette ville que se trouvent **les pires** taudis du pays.

ADVERBES

> **Bien** souvent, on dort **mal** quand on a trop **bien** mangé.
> C'est **bien** fait! (*Serves you right!*)
> Vous êtes **bien** aimable de m'avoir prévenu.
> Pardonner, c'est **bien**, oublier, c'est **mieux**.
> **Mieux** vaut tard que jamais.
> Le **mieux** est l'ennemi du **bien**. (*Leave well enough alone*).
> J'aime **mieux** ne pas en parler.
> Tout est pour **le mieux** dans le meilleur des mondes. (*All is for the best in the best of all possible worlds*).
> La langue que je parle **le mieux** est le français.
> La langue que je parle **le moins bien** (**le pis**) est l'espagnol.
> Mentir, c'est **mal**, voler, c'est **pis** (**plus mal**), mais tuer, c'est **le pis**.

2. Quand *most + adjective* veut dire *very + adjective*, on ne le traduit pas par le superlatif, mais par **très** ou par un autre adverbe de manière (**extrêmement, exceptionnellement, énormément**, etc.):

> *a most pleasant evening*
> une soirée **très** agréable

> *I am most grateful to you.*
> Je vous suis **extrêmement** reconnaissant.

3. Les expressions anglaises *more and more* et *less and less* se traduisent par **de plus en plus** et **de moins en moins**:

> *She is more and more beautiful.*
> Elle est **de plus en plus** belle.

> *This T.V. program becomes less and less interesting every week.*
> Cette émission de télévision devient **de moins en moins** intéressante chaque semaine.

C'est par les mêmes expressions que se traduisent les expressions anglaises du genre *later and later, prettier and prettier,* etc.: **de plus en plus** tard, **de plus en plus** joli(e), etc.

4. Quand l'adverbe **aussi** veut dire *also*, il n'exige pas l'inversion. Quand il veut dire ***therefore, thus, as a result, consequently,*** il l'exige. Comparez:

> J'aime les pièces de Corneille et celles de Racine **aussi**. (*also*)
> Il connaît la France et **aussi** l'Espagne. (*also*)

> Pierre adore la peinture, **aussi** va-t-il souvent au musée. (*thus*)
> Je suis fâché avec lui, **aussi** ne lui ai-je pas dit bonjour. (*consequently*)

5. Les expressions **tant pis** (*so much the worse, it can't be helped, it's too bad*) et **tant mieux** (*so much the better, good*) sont d'un emploi très fréquent:

> S'ils acceptent, **tant mieux**; s'ils refusent, **tant pis**; personnellement, ça m'est égal.
> *If they accept, fine; if they refuse, too bad; personally, I don't care.*

> Si tu ne veux pas de gâteau, **tant mieux**: il y en aura plus pour moi.
> *If you don't want any cake, so much the better: there'll be more for me.*

> On ne joue plus *Les Raisins de la colère*? Je voulais le voir, mais **tant pis**.
> *They are no longer showing* The Grapes of Wrath? *I wanted to see it ... well, it can't be helped.*

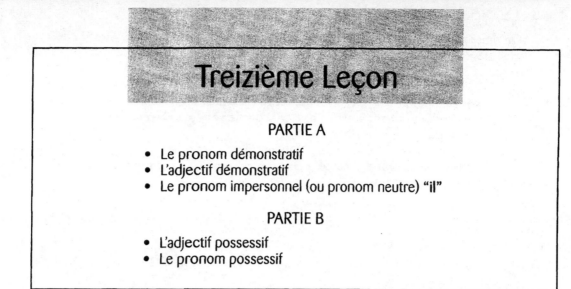

Treizième Leçon

PARTIE A

- Le pronom démonstratif
- L'adjectif démonstratif
- Le pronom impersonnel (ou pronom neutre) "il"

PARTIE B

- L'adjectif possessif
- Le pronom possessif

PARTIE A

48. Le pronom démonstratif

A. Formation

Les pronoms démonstratifs remplaçant une expression définie (c'est-à-dire qui a un genre et un nombre) sont:

	MASCULIN	FEMININ
SINGULIER	celui	celle
PLURIEL	ceux	celles

Le pronom démonstratif s'accorde en genre et en nombre avec le nom qu'il remplace.

B. Emploi

Les formes **celui, celle, ceux, celles,** sont généralement modifiées par l'adverbe **-ci** ou **-là**:

> J'ai beaucoup de livres; **celui-ci** est un roman, **ceux-là** sont des anthologies.
> Voyez ces statues: **celles-ci** sont médiocres, mais **celles-là** sont très belles.
> Quel chapeau préférez-vous? **Celui-ci** ou **celui-là?**

On omet généralement les adverbes -ci et -là lorsque le pronom démonstratif est modifié:

1. Par une proposition relative:

    J'ai beaucoup de livres; **celui qui est sur la table** est un roman.
    Ces étudiantes sont américaines: **celle que je vous ai présentée** habite la
       Louisiane.
    Les propositions de la Société Dupont Frères sont **celles que nous vous
       recommandons d'accepter** parce que ce sont **celles qui nous paraissent les
       plus avantageuses.**

2. Par un complément prépositionnel:

    Ceux de mes amis que j'ai invités parlent anglais.
    J'aime ces deux tableaux, mais je préfère **celui de droite.**
    Quelle robe portait-elle, **celle en coton** ou **celle en nylon?**

C. **Les pronoms "ceci", "cela" ("ça")**

Les pronoms démonstratifs remplaçant une expression indéfinie c'est-à-dire qui n'a
ni genre ni nombre (par exemple une idée ou un fait), sont:

> ceci   cela (ça)

Cela (ça en style familier) s'emploie quand l'expression a déjà été mentionnée, **ceci**
pour introduire l'expression:

> Ton fils a perdu sa situation; **cela** (ça) nous fait de la peine.
> **Ceci** va te faire de la peine: ton fils a perdu sa situation.

> **Ceci** me semble évident: les alcooliques sont des malades.
> Les alcooliques sont des malades, **cela** (ça) me semble évident.

> Vous vous trompez, mais **cela** (ça) n'a pas d'importance.

D. Le pronom démonstratif "ce"

Comme sujet du verbe être on emploie le pronom démonstratif **ce** (**c'** devant un mot commençant par e, **ç'** devant un mot commençant par a). Ce peut remplacer une expression définie aussi bien qu'une expression indéfinie. On l'emploie en particulier:

1. Devant un nom modifié par un article:[1]

> Regardez ce monsieur: **c'est un** chirurgien mondialement
>   connu. (... *world-famous*)
> —Qui est cette demoiselle? —**C'est la** fiancée de Maurice.
> Lisez donc ces poèmes, **ce sont des** chefs-d'œuvre.

Mais: Connaissez-vous ce monsieur? Il est chirurgien.

(Voir C:1, p. 87.)

2. Devant un nom propre:

> Regardez ce jeune homme, **c'est** Pierre Legrand.
> Quel est ce village? **C'est** Aigues-Mortes.

3. Devant un pronom:

> J'ai trouvé une bague; **est-ce la vôtre?**
> Ces chansons sont très sentimentales, mais **ce sont celles** que je préfère.
> Si quelqu'un avait pu trouver une solution, **ç'aurait été lui.**

4. Devant un superlatif:

> Nous utilisions les machines japonaises parce que **c'étaient les moins chères.**
> Il aurait dû démissionner, **ç'aurait été la meilleure** solution.

5. Pour remplacer une expression indéfinie:

> Travaillons ensemble, **ce sera** plus facile.
> S'il n'avait pas réussi, **ç'aurait été** catastrophique.
> Mon fils a épousé la fille d'un millionnaire: **c'est** magnifique!
> Vous vous trompez, mais **ce n'est** pas grave.

Il ne faut pas oublier qu'avec tout verbe autre que le verbe être, ceci ou **cela** est utilisé pour remplacer une expression indéfinie (voir C, p. 144). Même avec le verbe **être**, ceci ou **cela** est possible pour remplacer une expression indéfinie, mais **ce** (**c'**, **ç'**) est habituel:

> Travaillons ensemble, **ce (cela) sera** plus facile.
> S'il n'avait pas réussi, **ç'aurait été (cela aurait été)** catastrophique.
> Mon fils a cessé de fumer: **c'est (cela est)** magnifique!
> **(Ceci) (Ce) n'est** pas grave, mais vous vous trompez.

---

[1]Dans le cas d'un être humain, on peut remplacer **ce** par **il, ils, elle, elles,** selon le cas. Cet usage est rare:

> Regardez ce monsieur: **il** est un chirurgien mondialement connu.
> —Qui est cette demoiselle? —**Elle** est la fiancée de Maurice.

6. Quand le sujet réel du verbe **être** est une proposition, on emploie très souvent **ce** (**c'**, **ç'**) pour la résumer et la mettre en relief:

> Ce qui me ferait plaisir, (ce) serait que vous veniez.
> Savoir se taire, (c') est important pour réussir.
> Téléphoner après minuit, (c') est inexcusable.

7. Quand deux ou plusieurs noms sont reliés par le verbe **être**, ou emploie souvent **ce** (**c'**, **ç'**) pour mettre en valeur le nom ou les noms qui précèdent le verbe **être**:

> La surpopulation (**ce**) sera peut-être le plus grand problème du XXIe siècle.
> L'exactitude (**c'**) est la politesse des rois.
> Liberté, égalité, fraternité (**c'**) est la devise de la France.

8. Les règles indiquées pour l'usage de ce (**c'**, **ç'**) avec le verbe **être** s'appliquent aussi quand **être** est accompagné des verbes semi-auxiliaires **devoir** et **pouvoir**:

> Qui est cette demoiselle? **Ce doit être** la fiancée de Maurice.
> Quel est ce village? **Ce pourrait être** Aigues-Mortes.
> Si quelqu'un pouvait trouver une solution, **ce devrait être vous**.
> S'il n'était pas venu, **ç'aurait pu être** catastrophique.
> Frapper un enfant, (**ce**) **devait être** interdit.
> Travailler ensemble, (**ç**) **aurait pu être** plus facile.

E. "Ce + être + qui", "ce + être + que"

On emploie souvent **ce + être + qui** et **ce + être + que** pour mettre une expression en valeur:

> Mon fils a cessé de fumer.
> **C'est** mon fils **qui** a cessé de fumer.
> *My son is the one who stopped smoking.*

> Que vous veniez avec nous me ferait plaisir.
> Ce qui me ferait plaisir **ce serait que** vous veniez avec nous.
> *What would please me would be for you to come with us.*

> Nous partons demain.
> **C'est** demain **que** nous partons.
> *It's tomorrow that we are leaving.*

> La surpopulation sera peut-être le plus grand problème du XXIe siècle.
> **C'est** la surpopulation **qui** sera peut-être le plus grand problème du XXIe siècle.
> *It is overpopulation that will perhaps be the greatest problem of the 21st century.*

F. **"C'est nous", "c'est vous"**

Avec **ce** + **être** + les pronoms **nous** et **vous**, le verbe **être** est toujours au singulier. Autrement, il est au pluriel lorsque l'attribut de **ce** est pluriel:

Prenez ces deux romans, ce **sont** les plus intéressants.
Ce **seront** elles qui souffriront, mais ce **seront** eux qui se plaindront.
Baudelaire et Rimbaud, ce **furent** deux grands poètes.

Mais: **C'est** nous qui partons. Est-ce vous qui restez?
—**Est-ce nous** que tu préfères?—Oui, c'est vous.

Pour traduire

1. Dans une expression de possession, on peut remplacer la chose possédée par le pronom démonstratif, afin d'éviter la répétition. Dans ce cas, l'anglais exprime la possession sans mentionner la chose possédée:

Trois projets ont été soumis à l'Assemblée; **celui** du parti socialiste a été adopté.
Three resolutions were submitted to the Assembly; the Socialist Party's was approved.
Toutes les robes étaient en coton sauf **celle** de Marie.
All the dresses were made of cotton except Marie's.

2. Les pronoms démonstratifs modifiés par **-ci** traduisent l'expression anglaise *the latter*. Modifiés par **-là**, ils traduisent *the former*:

The French engineers and the English engineers disagreed. **The former** *wanted to build a tunnel,* **the latter** *a bridge.*
Les ingénieurs français et les ingénieurs anglais n'étaient pas d'accord.
Ceux-ci voulaient construire un pont, **ceux-là** un tunnel.

49. L'adjectif démonstratif

A. Formation

Au masculin singulier, les deux formes de l'adjectif démonstratif sont **ce** devant une consonne et **cet** devant une voyelle ou un **h** muet. La forme féminine de cet adjectif est **cette**, la forme plurielle commune aux deux genres, est **ces**:

ce garçon   cette fille   ces exemples
cet ami   cette amie
cet hôpital

Ce psychologue et **cet** historien ont étudié **ces** problèmes.
Cette bande de jeunes délinquants a été accusée de **ces** vols.

Il existe également des formes renforcées de ces adjectifs, formées par l'adjonction de adverbes -ci et -là au nom. Ces formes renforcées peuvent aussi servir à distinguer ce qui est proche (-ci) de ce qui est éloigné (-là):

> Avez-vous lu Flaubert? Cet auteur-là est génial.
> Je garde ces livres-ci sur ma table et ces livres-là dans ma bibliothèque.

Pour traduire

1. Les formes simples de l'adjectif démonstratif peuvent se traduire par *this* (*these*) ou *that* (*those*) à volonté:

> Ce garçon est français.
> *This (that) boy is French.*

> J'ai acheté ces livres d'art.
> *I bought these (those) art books.*

2. Les adverbes -ci et -là des formes renforcées ne se traduisent pas en anglais standard, mais on remarquera que certaines formes dialectales de l'anglais ont des formes semblables:

> Ces livres-ci sont plus chers que ces livres-là.
> *These (here) books are more expensive than those (there) books.*

Les étudiants de langue anglaise ont tendance à employer les formes renforcées même lorsque les formes simples conviennent mieux. On peut remarquer que les formes -ci et -là sont l'équivalent linguistique d'un geste du doigt pour désigner ce dont on parle, geste rarement nécessaire dans la vie de tous les jours.

3. L'adjectif démonstratif ne s'emploie pas en français dans les phrases du genre:

> *Those students who study will succeed.*
> Les élèves qui étudient réussiront.

> *All of a sudden, in comes this guy I never saw before in my life.*
> Tout d'un coup, un type que je n'avais jamais vu de ma vie est entré.

50. Le pronom impersonnel (ou pronom neutre) "il"

A. Locutions et verbes impersonnels

Le pronom impersonnel il sert de sujet aux locutions et aux verbes impersonnels (voir 19, p. 55).

B. L'heure

Le pronom impersonnel il + être marque l'heure:

> Il est maintenant midi, il sera donc bientôt l'heure de partir.

C. "Il + être + adjectif"

Il comme sujet apparent du verbe **être** (voir 2, p. 55):

> **Il** est étrange que Pierre soit en retard.
> **Il** ne sera possible de le voir qu'après quatre heures.

Dans les cas indiqués, la langue parlée remplace parfois il par **ce**. Cet usage est peu élégant. **Il** est un présentatif, c'est-à-dire que il annonce le sujet réel; ce, par contre, remplace un sujet impersonnel déjà exprimé:

> **Il** est facile de comprendre cela.
> **C'**est facile à comprendre.

> **Il** est étrange que Pierre soit en retard.
> Pierre est en retard; **c'**est étrange.

> **Il** aurait été plus agréable de travailler ensemble.
> Travaillons ensemble: **ce** pourra être plus agréable.

> Lorsqu'on est riche, **il** est facile de voyager.
> Lorsqu'on est riche, voyager, **c'**est facile.

(Pour l'emploi de **à** ou **de** dans ces constructions, voir C:1:b, p. 48-49.)

D. Les verbes semi-auxiliaires + "être"

Comme dans le cas du pronom démonstratif **ce** (voir D:8, p. 146), les règles s'appliquent aussi lorsque le verbe **être** est accompagné d'un verbe semi-auxiliaire:

> **Il doit** être midi.
> **Il peut** parfois **être** difficile de dire la vérité.

Pour traduire

Avec certains verbes, la langue écrite emploie il impersonnel pour introduire le sujet réel sous forme de nom:

> **Il** arrive un jour où chacun juge sa propre vie. (Le sujet réel du verbe **arriver** est **un jour**. On peut dire aussi: Un jour arrive où ...)
> **Il** existe des hommes qui n'ont pas de conscience. (Des hommes existent qui ...)

On remarque que le verbe s'accorde avec il impersonnel, non pas avec le sujet réel. La traduction anglaise sera:

> *There comes a day when each one must judge his own life.*
> *There are men who have no conscience.*

PARTIE B

51. L'adjectif possessif

A. Formation

L'adjectif possessif a les formes suivantes:

		UN SEUL POSSESSEUR		PLUSIEURS POSSESSEURS	
		UN SEUL OBJET POSSÉDÉ	PLUSIEURS OBJETS POSSÉDÉS	UN SEUL OBJET POSSÉDÉ	PLUSIEURS OBJETS POSSÉDÉS
1e pers.	Masc.	mon	mes	notre	nos
	Fém.	ma			
2e pers.	Masc.	ton	tes	votre	vos
	Fém.	ta			
3e pers.	Masc.	son	ses	leur	leurs
	Fém.	sa			

B. Emploi

L'adjectif possessif s'accorde en genre et en nombre avec la personne ou la chose possédée. Au singulier, la forme féminine du possessif est remplacée par la forme masculine devant une voyelle ou un **h** muet:

mon livre	**mon** grand chapeau	**ton** courage	**tes** cousines
ma table	**ma** petite voiture	**ta** volonté	**ton** excellent vin
mes amis			

La veuve est restée seule dans **sa** maison, dans **son** énorme maison.
Mon hôte et **mon** hôtesse sont sortis ensemble.

Quand le possesseur est le pronom **on**, les formes de la troisième personne du singulier sont exigées:

On doit tenir **ses** promesses.
On ne reconnaît **ses** vrais amis que dans le malheur.
Qui vous a dit que l'**on** pouvait corriger **son** propre examen?

C. Répétion de l'adjectif possessif

On doit répéter l'adjectif possessif devant chaque nom (ou chaque adjectif) qui désigne une personne ou une chose différente:

> Je dois écrire à **ton** oncle, à **ta** tante et à **tes** cousines.
> Donnez-moi **mon** mouchoir, **ma** cravate et **mes** gants.
> Préférez-vous **votre** vieille ou **votre** nouvelle voiture?

On ne répète généralement pas l'adjectif possessif si les noms ou les adjectifs désignent la même chose ou la même personne:

> Je vous présente **mon** collègue et ami Michel Carré.
> Un ami a loué **leur** grande et belle maison.

D. Lorsqu'il s'agit d'un vêtement que l'on décrit, on remplace généralement l'adjectif possessif par l'article défini:

> Le reporter est rentré à son journal **la** cravate dénouée, **le** veston en loques, **la** chemise déchirée. (description)

Mais lorsqu'il s'agit d'un geste ou d'un mouvement qui s'exerce sur le vêtement, on emploie généralement l'adjectif possessif:

> Avant de s'asseoir à sa table, le reporter a enlevé **son** veston, dénoué **sa** cravate et déboutonné **sa** chemise. (geste ou mouvement)

E. Pour l'usage de l'adjectif possessif et de l'article défini lorsqu'il s'agit de parties du corps, voir 6, p. 83.

Pour traduire

1. À la troisième personne du singulier, l'anglais distingue le genre de l'antécédent; ce n'est pas le cas en français:

> **sa** taille: *his size, her size, its size, one's size*
> **son** importance: *his importance, her importance, its importance, one's importance*

On peut parfois éviter l'ambiguïté en ajoutant l'expression **à lui** ou **à elle** à l'adjectif possessif. Par exemple, dans la phrase:

> Robert était furieux parce que Jeanne avait perdu **ses** clés,

le contexte indique généralement s'il s'agit de *his keys* ou de *her keys*. Sinon, on peut spécifier:

> ... parce que Jeanne avait perdu **ses** clés **à lui**. (*his keys*)
> ... parce que Jeanne avait perdu **ses** clés **à elle**. (*her keys*)

2. L'adjectif **propre** après l'adjectif possessif et devant le nom renforce la possession:

> Je l'ai vu de mes **propres** yeux casser le pare-brise de ta voiture. (*... with my own eyes*)
>
> Chacun est responsable de ses **propres** actions. (*... his own actions*)

52. Le pronom possessif

A. Formation

Le pronom possessif a les formes suivantes:

		UN SEUL POSSESSEUR		PLUSIEURS POSSESSEURS	
		UN SEUL OBJET POSSÉDÉ	PLUSIEURS OBJETS POSSÉDÉS	UN SEUL OBJET POSSÉDÉ	PLUSIEURS OBJETS POSSÉDÉS
1e pers.	Masc.	le mien	les miens	le nôtre	les nôtres
	Fém.	la mienne	les miennes	la nôtre	
2e pers.	Masc.	le tien	les tiens	le vôtre	les vôtres
	Fém.	la tienne	les tiennes	la vôtre	
3e pers.	Masc.	le sien	les siens	le leur	les leurs
	Fém.	la sienne	les siennes	la leur	

B. L'accord du pronom possessif

Le pronom possessif s'accorde en genre et en nombre avec la personne ou la chose possédée:

> Ma cousine a vingt ans, **la tienne** en a vingt-deux.
>
> Comme ma voiture est en panne et que **la vôtre** est au garage, prenons **la leur**.
>
> Mes parents sont bilingues, **les tiens** aussi, mais **les leurs** ne parlent qu'une seule langue.

On remarquera que l'article défini est partie intégrante du pronom et obéit aux règles de la contraction (voir 29, p. 81):

> Je préfère mes amis **aux** siens; je n'ai pas encore fait la connaissance **des** vôtres.

Pour traduire

Certaines expressions idiomatiques se forment à partir des pronoms possessifs. Ainsi:

1. Les formes du masculin pluriel désignent les parents, les amis, les alliés:

     Puisque vous ne voulez pas que je sois **des vôtres**, je retourne chez **les miens**.
     Since you don't want me among you (to be one of you), I am going back to my own people.

     La bataille fut longue, mais **les nôtres** finirent par vaincre.
     The battle was long, but we (our side, our troops, our people) finally won.

     Nous allons au cinéma; voulez-vous être **des nôtres**?
     We are going to the movies; will you join us?

2. **Y mettre du sien** veut dire "participer à une action":

     J'y ai mis du mien, il faut que tu y **mettes du tien** aussi.
     I put up my share (of money, of goodwill, of effort), you must also contribute (share, participate, help).

3. **Faire + les formes du féminin pluriel** désigne des actions à demi blâmables, mais généralement pas très graves:

     La directrice de ton école m'a écrit; il paraît que tu **as** encore **fait des tiennes**.
     The headmistress of your school wrote me; it seems you have been up to your tricks again.

     Chaque fois qu'on laisse cet enfant seul, il **fait des siennes**.
     Every time this child is left by himself, he misbehaves.

     Ma voiture a recommencé à **faire des siennes**.
     My car started acting up again.

Quatorzième Leçon

PARTIE A
- Les prépositions

PARTIE B
- Les nombres
- La date et l'heure

PARTIE A

53. Les prépositions

Les prépositions les plus importantes et qui présentent des difficultés pour l'étudiant de langue anglaise sont: **à, chez, dans, de, en, par** et **pour**.

A. La préposition "à"

1. Quand à introduit le nom complément d'objet indirect, elle ne peut pas être omise, comme c'est souvent le cas en anglais (*to*):

   J'ai écrit **à** mon père et téléphoné **à** ma mère.
   I wrote my father and telephoned my mother.

   Je dois cent francs **au** médecin et dix francs **à** l'infirmière.
   I owe the doctor a hundred francs and the nurse ten.

2. Avec les noms de villes, à indique le lieu ou la direction (*in, to, at*):

   Je n'ai jamais été **à** Paris, mais quand j'étais étudiant **à** Marseille, j'allais souvent **à** Rome.

3. Avec les noms masculins de pays, à indique le lieu ou la direction (*in, to*). L'article défini est obligatoire:

   Je n'ai jamais été **au** Canada, mais quand j'étais étudiant **au** Mexique, j'allais souvent **aux** États-Unis.

   (Voir E:2, p. 158.)

4. À sert à former des locutions adverbiales de lieu (*in, at*, etc.):

   Ce garçon est insupportable: **à** l'école il ne travaille pas, **à** la maison il désobéit à ses parents et il passe son temps **au** cinéma et **au** café.

5. À suivi d'un nom ou d'un infinitif indique souvent l'usage auquel un objet est destiné (voir 2, p. 49-50):

> Dans ce magasin, vous pourrez acheter une brosse à dents, une lime à ongles, un service à thé, des cuillers à soupe, de la cire à cacheter et une canne à pêche.

6. À remplace souvent **avec** pour souligner que le deuxième nom constitue une partie distinctive du premier:

l'homme à la barbe noire	les tartes à l'ananas
une fille **aux** yeux bleus	un sandwich **au** fromage
la dame **aux** camélias	la peinture à l'huile
le bateau à vapeur	les patins à roulettes

Remarquer qu'on emploie **à** + l'article **défini** dans le sens de **avec** + "le" partitif (**du, de la, des**):

> les tartes à l'ananas = les tartes avec de l'ananas
> un sandwich **au** fromage = un sandwich avec du fromage

7. Dans le cas d'une proposition adverbiale de manière où il s'agit d'un moyen de locomotion qu'on enfourche (animal ou véhicule) on emploie à (comparer à E:3, p. 158):

à cheval	à dos d'âne
à bicyclette	à motocyclette

On dit aussi à pied:

> Partirez-vous à pied ou à bicyclette?

8. Les verbes **être** et **appartenir**, suivis de à indiquent la possession:

> Ce livre **est** à Pierre, il n'**appartient** pas à sa sœur.

9. Dans beaucoup de propositions adverbiales où l'anglais emploie *in*, le français exige **à**:

in a low voice	*in the sun*	*in the hand*
à voix basse	au soleil	à la main

in the time of	*in time*	*in step*
au temps	à l'heure	au pas

10. Quand un infinitif dépend d'un autre verbe, d'un nom ou d'un adjectif, il est souvent introduit par à (voir 2, p. 49-50).

B. La préposition "chez"

La préposition **chez** signifie **dans la demeure de, dans le magasin de, dans le pays de, dans le bureau de, dans tel ou tel groupe ou milieu de la société:**

> Il est venu habiter **chez** moi.
> J'ai acheté du pain **chez** le boulanger.
> Demain matin je dois aller **chez** le médecin et le soir je vais **chez** des amis.
> **Chez** les Italiens, on mange des macaronis.
> **Chez** les catholiques, le divorce n'est pas permis.

Au figuré, **chez** veut dire **dans la personne, dans l'œuvre:**

> **Chez** vous, le problème est différent. (*In your case ...*)
> **Chez** Voltaire, l'ironie est mordante. (*In Voltaire's writings ...*)

C. La préposition "dans"

1. **Dans** indique le lieu; lorsqu'il s'agit d'un lieu bien délimité, **dans** a souvent le sens de **à l'intérieur de:**

> Il a mis les papiers **dans** une enveloppe, l'enveloppe **dans** sa serviette, sa serviette **dans** sa valise.
> Le quinze juin, les premières troupes allemandes étaient déjà **dans** Paris.
> Il s'est mis **dans** la tête d'aller sur la Lune.
> **Dans** notre pays, les enfants ne jouent pas **dans** les rues.

2. **Dans** indique le lieu lorsqu'il s'agit d'un nom de pays modifié (par un adjectif, une proposition relative, etc.):

> J'ai voyagé **dans** toute la France, ainsi que **dans** l'Italie du Nord.
> Mais: J'ai voyagé **en** France et **en** Italie.

(Voir E:2, p. 158.)

3. **Dans** veut dire: **après** ou **à la fin de** lorsqu'il s'agit d'une indication de temps:

> Je reviendrai **dans** une heure.
> Ils auront fini **dans** quinze jours.

(Comparer à E:5, p. 158.)

4. **Dans** peut parfois se traduire par *out of*:

> Prenez vingt francs **dans** mon portefeuille.
> *Take twenty francs out of my wallet.*

> Mon chat refuse de manger **dans** ce bol.
> *My cat refuses to eat out of this bowl.*

D. La préposition "de"

1. **De** indique la possession (comparer à 8, p. 155):

   Les problèmes **de** l'industrie ne sont pas les mêmes que ceux **de** l'agriculture.

2. Quand il s'agit d'une œuvre littéraire ou artistique, **de** introduit le nom ou la phrase qui *identifie l'auteur*:

   Ce tableau-ci est **de** Van Gogh et celui-là **d'**un peintre inconnu.
   Préférez-vous les sonnets **de** Baudelaire ou les poèmes **de** son ami Gautier?[1]

3. Avec les verbes **venir, sortir, arriver, s'éloigner, partir,** etc., **de** introduit le lieu d'origine:

   Il est arrivé **de** Paris, mais sa femme n'a pas voulu s'éloigner **de** la capitale.

   On remarquera que le verbe **quitter** introduit le lieu d'origine sans préposition.

   Il a **quitté** le salon.
   Ils ont dû **quitter** la France.

4. **De** introduit souvent la matière dont est fait un objet (voir E:4, p.158):

   une robe **de** soie
   le rideau **de** fer
   un soldat **de** plomb

   De même, **de** introduit souvent un nom qui qualifie un autre nom:

   une robe **de** chambre
   un officier **de** cavalerie
   une agence **de** voyages
   une voiture **de** course

5. **De** peut indiquer un rapport de cause entre le verbe et le nom complément:

   Il a rougi **de** honte.
   Je meurs **de** faim.
   Les enfants criaient **de** joie.

6. Dans une proposition adverbiale de manière, **de** introduit le nom modifié par un article indéfini:

   Il m'a regardé **d'un air** furieux et m'a parlé **d'une voix** hésitante.

   Cependant, lorsque le nom n'est pas modifié par un article indéfini on emploie **avec** ou **sans**:

   Il m'a regardé **avec** fureur et m'a parlé **sans** hésitation.

---

[1]Comparer:

À qui est ce livre (à qui appartient ce livre)?
De qui est ce livre (qui est l'auteur de ce livre)?

7. Quand **quelque chose, rien, quelqu'un** et **personne** sont modifiés par un adjectif, cet adjectif est introduit par **de**:

> Je voudrais manger **quelque chose de** bon.
> Il ne dit jamais **rien d'intelligent.**
> C'est **quelqu'un de bien informé** qui m'a dit cela.
> Dans cet accident, il n'y a eu **personne de blessé.**

8. Le complément du superlatif est introduit par **de** (voir B, p. 137).

E. La préposition "en"

1. En ne s'emploie pas devant un article défini (voir C:1, p. 83).

2. En introduit le nom des pays féminins, et des pays masculins qui commencent par une voyelle ou un **h** aspiré pour indiquer le lieu ou la direction:

> Je passe généralement mes vacances **en** Grèce, mais cette année je vais **en** Turquie aussi.

(Comparer à A:3, p. 154.)

> Il a passé un mois **en** Iran.
> Elle est allée **en** Israël pour faire des recherches.

3. En introduit le moyen de transport lorsqu'il s'agit d'un véhicule dans lequel on entre (comparer à 7, p. 155):

> Préférez-vous voyager **en** train ou **en** autocar?

Cependant on dit:

> Certaines personnes détestent voyager **par** avion.

4. En introduit souvent la matière dont est fait un objet (voir D:4, p. 157):

> J'ai acheté un sac **en** cuir et une montre **en** or.

L'usage détermine s'il faut employer **de** ou **en**. Les deux prépositions sont souvent possibles. **De** indique plutôt la sorte d'objet dont il s'agit, **en** met en valeur la matière dont l'objet est fait:

> un sac **de** cuir   *a leather bag*
> un sac **en** cuir   *a bag made of leather*

5. Devant une expression de temps, **en** indique la durée nécessaire à l'accomplissement d'une action:

> L'avion a traversé l'Atlantique **en** six heures.
> La population de l'Amérique latine a doublé **en** vingt ans.

(Comparer à C:3, p. 156.)

6. **En** introduit l'année, le mois, la saison qui indique quand a lieu une action:

Je suis né
$$\begin{cases} \text{en mars.} \\ \text{en automne.} \\ \text{en 1950.} \end{cases}$$
Nous reviendrons
$$\begin{cases} \text{en août.} \\ \text{en été.} \\ \text{en hiver.} \end{cases}$$

Cependant, on dit: **au** printemps.

Je pars **en** vacances
$$\begin{cases} \text{en avril.} \\ \text{au printemps.} \\ \text{en l'an deux mille.} \end{cases}$$

7. Pour **en** introduisant le participe présent, voir 3:b, p. 42.

F. La préposition "par"

1. La préposition **par** peut avoir le sens de **à travers**:

   Puisqu'il n'a pas pu entrer **par** la porte, il est entré **par** la fenêtre.
   Nous sommes passés **par** Paris, **par** la Bourgogne et **par** la Suisse.

2. Au sens figuré, **par** introduit le moyen ou l'agent:

   Qui vit **par** l'épée, périra **par** l'épée.
   C'est **par** la radio que j'ai appris la nouvelle.

3. **Par** n'introduit un infinitif que dans les expressions idiomatiques **commencer par** et **finir par**:

   Commencez par travailler, vous **finirez par** comprendre.
   Start by working, eventually you will understand.

4. **Par** introduit souvent l'agent dans une proposition au passif:

   Il a été arrêté **par** la police.
   Je suis préoccupé **par** ce problème.

G. La préposition "pour"

1. **Pour**, suivi d'une proposition infinitive, indique le but:

   Il faut une politique cohérente **pour** résoudre la crise du logement.

2. **Pour** veut aussi dire **à la place de**, **en échange de**:

   Il ne faut pas traduire mot **pour** mot.
   Pour tout salaire, j'ai reçu cent francs.

(Voir D et E, p. 4.)

Pour traduire

1. Ne pas confondre:

   penser à quelque chose ou à quelqu'un
   to think about something or someone

   penser du bien (du mal) de quelque chose ou de quelqu'un
   to think well (ill) of something or someone

À quoi penses-tu?	*What are you thinking about?*
À qui penses-tu?	*Whom are you thinking of?*
Que pensez-vous de mon idée?	*What do you think of my idea?*
J'en pense beaucoup de bien.	*I like it very much.*

2. Un grand nombre de propositions exclamatives se forment avec des prépositions. Par exemple:

À demain!	*See you tomorrow!*
À vendredi!	*See you on Friday!*
À moi!	
Au secours! ⎫	*Help!*
À l'aide!	
À la soupe!	*Come and get it!*
En avant!	*Forward!*
En route!	*Let's go!*
En voiture!	*All aboard!*
En vitesse!	*Make it snappy!*
Par ici!	*This way!*
Par exemple!	*Well, what do you know!*

PARTIE B

54. Les nombres

A. Formation des nombres cardinaux (ou adjectifs numéraux cardinaux)

1. Un a une forme féminine **une**:

   J'ai deux chemises et **une** cravate.
   Il y a quatorze garçons et vingt et **une** filles dans cette classe.

2. Quand **vingt** et **cent** sont multipliés, ils ont une forme plurielle: quatre-vingts, trois cents.

3. Cependant, lorsque **vingt** et **cent** sont suivis d'un autre nombre, ils restent au singulier: vingt-huit, quatre-vingt-sept, cent quatre, deux cent neuf.

4. **Mille** n'est jamais pluriel: cinq **mille**, deux **mille** trois. Quand il s'agit d'une date et que **mille** est suivi d'un ou de plusieurs autres nombres, on écrit de préférence **mil**:

> On crut que le monde finirait en l'an **mille**.
> Jeanne d'Arc fut canonisée en l'an de grâce **mil** neuf cent vingt.

Cependant, pour les dates antérieures à l'ère chrétienne, on garde généralement l'orthographe **mille**:

> Le pharaon Ramsès II mourut en **mille** deux cent trente cinq avant J.-C.

5. La conjonction **et** s'emploie dans les nombres 21, 31, 41, 51, 61, 71 (**vingt et un, trente et un, ... soixante et onze**) mais pas dans les nombres 81, 91, 101 (**quatre-vingt-un, quatre-vingt-onze, cent un**).

6. Certains nombres cardinaux présentent des complications en ce qui concerne la prononciation:

2 deux	9 neuf	20 vingt
3 trois	10 dix	60 soixante
5 cinq	11 onze	77 soixante-dix-sept
6 six	17 dix-sept	78 soixante-dix-huit
7 sept	18 dix-huit	80 quatre-vingts
8 huit	19 dix-neuf	100 cent

a. Les règles normales de la liaison s'appliquent pour **x** et **s** qui deviennent [z]; **f** devient **v** dans deux expressions seulement: **neuf ans** [nœ vã] et **neuf heures** [nœ vœr].

b. Les consonnes finales se prononcent, sauf devant une autre consonne ou devant un **h** aspiré. Les règles de la liaison s'appliquent pour **six** et **dix**. Quand ces nombres sont isolés, on les prononce [sis] et [dis].

c. Il n'y a pas élision devant **un, une huit** et **onze**:

> Les numéros gagnants sont **le huit** et **le onze**.

d. Exceptionnellement l'**x** de **dix** se prononce [s] dans dix-sept [dissɛt].

e. L'**x** de **dix** se prononce [z]: dix-huit [di zyit], dix-neuf [diz-nœf].

f. Le **t** de **vingt** se prononce de vingt et un à vingt-neuf, mais ne se prononce pas dans vingt, ni de quatre-vingts à quatre-vingt-dix-neuf.

g. Le **t** de **cent** ne se prononce pas devant **un, une, huit** ou **onze**. Autrement les règles de la liaison s'appliquent.

B. Formation des nombres ordinaux (ou adjectifs numéraux ordinaux)

1. On forme la plupart des nombres ordinaux en ajoutant le suffixe **-ième** au nombre cardinal; si le nombre cardinal se termine en e muet, cet e muet disparaît:

septième	quatorzième	cinquante et unième
onzième	seizième	trois cent deuxième

2. Cependant:

   a. Le nombre ordinal correspondant à **un, une** est **premier, première**; remarquer que l'on dit cependant **vingt et unième, trois cent unième**, etc.

   b. Le nombre ordinal correspondant à **cinq** est **cinquième** (avec **u**).

   c. Le nombre ordinal correspondant à **neuf** est **neuvième** (**f** devient **v**).

3. Il existe une forme **second, seconde** qui remplace généralement **deuxième** lorsqu'il s'agit d'une série limitée à deux unités:

   La première fois, j'ai accepté; la **deuxième** fois aussi; mais la troisième fois j'ai refusé.

   La première fois, j'ai accepté, mais la **seconde** fois j'ai refusé.

C. Les nombres collectifs

1. Les nombres collectifs se forment généralement en ajoutant le suffixe **-aine** au nombre cardinal; dans ce cas ils sont toujours au féminin. Si le nombre cardinal se termine en e muet, cet e muet disparaît lorsqu'on ajoute le suffix **-aine**. Le **x** de **dix** devient un **z** devant le suffixe **-aine**. Les principaux nombres collectifs sont:

une huitaine	une cinquantaine
une dizaine	une soixantaine
une douzaine	une centaine
une quinzaine	**un millier**
une vingtaine	**un million**
une trentaine	**un milliard** ou **un billion** (*1,000 millions*)
une quarantaine	

2. Les nombres collectifs terminés en **-aine** (ainsi que le nombre collectif **un millier**) ont généralement un sens approximatif, et veulent dire: **à peu près dix, trente, cent**, etc. **unités**:

   Dans la foule, il y avait une **trentaine** de militaires en uniforme.
   Je ne sais pas combien coûte cette chemise; une **centaine** de francs, je crois.

   Cependant le nombre collectif **une douzaine** est très souvent employé dans le commerce; dans ce cas, il indique douze unités:

   Les tomates coûtent trois francs la **douzaine**.
   Je voudrais une **douzaine** d'œufs et une **demi-douzaine** d'artichauts.

3. Les nombres collectifs sont des expressions de quantité, comme les adverbes de quantité (voir B, p. 89). Ils exigent donc l'article partitif **de** quand on les emploie devant un nom et le pronom partitif **en** devant le verbe quand ils sont attributs:

> Je désire une douzaine **de** pommes.
> J'ai acheté trois douzaines **d'**œufs.
> J'avais besoin de mouchoirs et je m'**en** suis acheté une dizaine.

D. Les fractions

1. Normalement, une fraction se compose d'un nombre cardinal comme numérateur et d'un nombre ordinal comme dénominateur:

> 3/8   trois huitièmes
> 7/16   sept seizièmes
> 15/31 quinze trente et unièmes

2. Cependant les fractions suivantes ont des noms spéciaux:

> 1/2   un demi   5 1/2   cinq et demi
> 1/3   un tiers   4 1/3   quatre (et) un tiers
> 2/3   deux tiers   8 1/4   huit (et) un quart
> 1/4   un quart   etc.
> 3/4   trois quarts

3. Le nom qui correspond à la fraction 1/2 est **la moitié**:

> Je voudrais un demi-litre de vin.
> Il y a trop de vin dans ce verre; je n'en boirai que **la moitié**.

4. Quand un nombre qui comprend la fraction **demi** est employé avec un nom, **et demi** ou **et demie** (selon le genre du nom) suivra le nom.

> J'ai vingt-deux ans **et demi**.
> Nous avons rendez-vous à quatre heures **et demie**.

E. Les opérations arithmétiques

1. Addition: on dit 7 **et** 8 **font** 15, 14 **et** 3 **font** 17.

2. Soustraction: on dit 9 **moins** 3 **font** 6, 21 **moins** 2 **font** 19.

3. Multiplication: on dit 4 **fois** 5 **font** 20, 3 **fois** 40 **font** 120.

4. Division: on dit 27 **divisé par** 3 **fait** 9, 8 **divisé par** 4 **fait** 2.

Pour traduire

1. Le nombre ordinal qui, en anglais, fait partie des noms des souverains se traduit en français par un nombre cardinal, sauf quand il s'agit de *the first*, qui se traduit par **premier** dans le cas d'un roi et par **première** dans le cas d'une reine. On remarquera que les noms de souverains ne comportent pas d'article, contrairement à ce qui se passe généralement en anglais:

Francis I	François Ier
(Francis the First)	(François **Premier**)
Henry IV	Henry IV
(Henry the Fourth)	(Henri **Quatre**)
Charles XI	Charles XI
(Charles the Eleventh)	(Charles **Onze**)

2. Les nombres collectifs peuvent traduire l'expression *about ten, fifteen, twenty, etc., units*:

I'll return in about ten days.
Je reviendrai dans **une dizaine de jours.**

This tie costs about forty dollars.
Cette cravate coûte **une quarantaine de dollars.**

55. La date et l'heure

A. L'année

On peut exprimer l'année de deux façons:

1789: **dix-sept cent** quatre-vingt neuf, ou
         mil sept cent quatre-vingt neuf.

1960: **dix-neuf cent** soixante, ou
         mil neuf cent soixante.

B. Les mois

Les noms des mois sont tous masculins et ne prennent pas de majuscule:

L'année[1] dernière, **novembre** a été très pluvieux.

C. La date

Quand on écrit une date, l'ordre est: jour, mois, année. On emploie les numéros cardinaux pour indiquer le jour, sauf si le jour est le premier du mois. On fait généralement précéder la date de l'article **le**:

le 4 janvier 1948   le 1ᵉʳ mai 1817

D. Les jours de la semaine

Les noms des jours de la semaine sont tous masculins et ne prennent pas de majuscule:

J'ai passé un **dimanche** très reposant.

Pour l'emploi de l'article avec les jours de la semaine, voir 3, p. 82.

E. La date

Il y a trois façons d'exprimer la date lorsqu'on mentionne le nom du jour de la semaine. Il n'y a en aucun cas de virgule entre le mois et l'année:

lundi 24 avril 1952
le lundi 24 avril 1952
lundi, le 24 avril 1952

---

[1]Les formes féminines **année, journée, matinée, soirée,** correspondent aux formes masculines **an, jour, matin, soir.** Dans certains cas, les formes masculines et les formes féminines sont interchangeables. Dans d'autres cas, l'usage a déterminé quelle forme doit être employée. D'une manière générale, on peut dire que:

Les formes masculines expriment l'unité de temps, les périodes indivisibles:

Tous les quatre **ans,** le mois de février a 29 jours.
La location de cette voiture me coûte 500 francs par **jour.**
Ils sont arrivés hier **matin.**
Tous les **soirs,** j'écoute les informations à la radio.

Les formes féminines expriment plutôt la durée de temps, ou ce qui se passe pendant l'unité de temps:

Elle a été malade toute l'**année.**
Il a reçu vingt personnes pendant la **journée.**
Le facteur passe une fois dans la **matinée** et une fois dans la **soirée.**

F. L'heure

En français officiel, les heures sont numérotées de 1 à 24. Ce système est assez répandu. On l'emploie pour les horaires de trains, d'autocars, etc., à la radio et à la télévision, dans les programmes des cinémas ou des théâtres, dans les invitations imprimées et même, bien que rarement, dans la conversation. Dans la langue de tous les jours, on emploie plutôt la numération de 1 à 12 et s'il faut éviter une ambiguïté possible, on ajoute "du matin", "de l'après-midi", "du soir", selon le cas:

LANGUE OFFICIELLE	LANGUE DE TOUS LES JOURS
23 heures 17	11 heures 17 du soir
3 heures 2	3 heures 2 du matin
14 heures 48	{ 2 heures 48 / 3 heures moins 12 } de l'après-midi
12 heures	midi
24 heures	minuit

1. Quand on ajoute un nombre de minutes à l'heure, on n'emploie pas la conjonction **et**:

   quatre heures dix-sept

2. Quand on ajoute la fraction d'heure **demie**, l'emploi de la conjonction **et** est obligatoire:

   trois heures **et** demie

3. Quand on ajoute la fraction d'heure **quart** on peut dire:

   huit heures **et** quart, ou huit heures **un** quart

4. Quand on soustrait un nombre de minutes ou la fraction **quart**, il faut employer **moins**:

   quatre heures **moins** cinq
   midi **moins** le quart

Pour traduire

1. Quand on exprime l'année en anglais, il est possible d'omettre le mot *hundred*. Cela n'est pas possible en français:

   I was born in nineteen (hundred and) sixty two.
   Je suis né en dix-neuf **cent** soixante-deux.

   La préposition **en** traduit la préposition anglaise *in* quand il s'agit d'années ou de mois:

   I was born in 1955.
   Je suis né **en** 1955.

   My birthday is in July.
   Mon anniversaire est **en** juillet.

2. La préposition anglaise *on* ne se traduit pas quand on veut exprimer une date en français:

> *She was born on May the twelfth.*
> Elle est née le douze mai.

> *On December the fourth, I shall be 32.*
> Le quatre décembre, j'aurai 32 ans.

3. Il est utile de connaître les expressions idiomatiques suivantes:

What is the date today?	Quelle est la date d'aujourd'hui? Quel jour sommes-nous aujourd'hui? Quel jour est-ce aujourd'hui?
Today is the fifteenth.	Nous sommes le quinze (aujourd'hui). C'est aujourd'hui le quinze.
a week from today	d'aujourd'hui en huit dans huit jours
two weeks from today	d'aujourd'hui en quinze dans quinze jours
three weeks from today	dans trois semaines
next Friday	vendredi prochain
How old are you?	Quel âge avez-vous? Quel est votre âge?
I am nineteen (years old).	J'ai dix-neuf ans.
What time is it?	Quelle heure est-il?
It is twelve thirty-five.	Il est midi (minuit) trente-cinq.

On remarquera que l'on peut dire **huit jours** pour **une semaine** et **quinze jours** pour **deux semaines**.

4. Comme en anglais, une **matinée** est une représentation de théâtre ou de cinéma qui a lieu l'après-midi et une **soirée** est une fête ou une réception qui a lieu le soir.

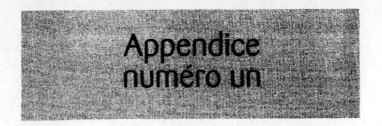

Appendice numéro un

A. Liste des principaux verbes qui sont suivis directment par l'infinitif complément:

aimer	faillir	rentrer
aimer mieux	falloir	retourner
aller	laisser	revenir
assurer	mener	savoir
avoir beau	mettre	sembler
compter	monter	sentir
courir	oser	souhaiter
croire	paraître	supposer
désirer	penser	se trouver
devoir	pouvoir	valoir mieux
dire	préférer	venir
écouter	prétendre	voir
entendre	se rappeler	voler
envoyer	reconnaître	vouloir
espérer	regarder	

B. Liste des principaux verbes qui introduisent l'infinitif complément par la préposition à:

aider à	demander à	se plaire à
aimer à	encourager à	pousser à
amener à	engager à	prendre plaisir à
s'amuser à	enseigner à	recommencer à
s'appliquer à	forcer à	renoncer à
apprendre à	habituer à	se résoudre à
arriver à	hésiter à	réussir à
aspirer à	s'intéresser à	servir à
s'attendre à	inviter à	songer à
avoir à	se mettre à	suffire à
chercher à	obliger à	tendre à
commencer à	parvenir à	tarder à
se consacrer à	passer (du temps) à	tenir à
condamner à	continuer à	travailler à
conduire à	décider à	venir à
consentir à	se décider à	

C. Liste des principaux verbes qui introduisent l'infinitif complément par la préposition **de**:

accepter de	empêcher de	s'occuper de
accuser de	entreprendre de	offrir de
achever de	essayer de	ordonner de
admirer de	s'étonner de	oublier de
s'apercevoir de	éviter de	parler de
s'arrêter de	s'excuser de	se passer de
s'aviser de	faire bien de	permettre de
avoir peur de	se fatiguer de	persuader de
blâmer de	féliciter de	plaindre de
cesser de	finir de	se plaindre de
charger de	forcer de	prier de
choisir de	se garder de	promettre de
commander de	gêner de	proposer de
conseiller de	se hâter de	punir de
se contenter de	s'impatienter de	refuser de
convaincre de	inspirer de	regretter de
convenir de	interdire de	remercier de
craindre de	jouir de	reprocher de
crier de	manquer de	résoudre de
décider de	menacer de	rire de
défendre de	mériter de	risquer de
demander de	se moquer de	sommer de
se dépêcher de	mourir de	souffrir de
dire de	négliger de	se souvenir de
se douter de	être obligé de	tâcher de
écrire de	obtenir de	venir de
s'efforcer de		

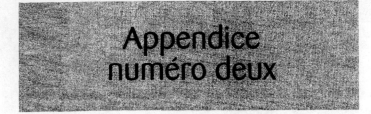

Appendice numéro deux

CONJUGAISON DES VERBES RÉGULIERS

Verbes en -er	Verbes en -ir	Verbes en -re
	INFINITIF	
porter	finir	attendre
	PARTICIPE PRÉSENT	
portant	finissant	attendant
	PARTICIPE PASSÉ	
porté	fini	attendu
	PRÉSENT DE L'INDICATIF	
je porte	je finis	j'attends
tu portes	tu finis	tu attends
il porte	il finit	il attend
nous portons	nous finissons	nous attendons
vous portez	vous finissez	vous attendez
ils portent	ils finissent	ils attendent
	IMPÉRATIF	
porte	finis	attends
portons	finissons	attendons
portez	finissez	attendez
	IMPARFAIT DE L'INDICATIF	
je portais	je finissais	j'attendais
tu portais	tu finissais	tu attendais
il portait	il finissait	il attendait
nous portions	nous finissions	nous attendions
vous portiez	vous finissiez	vous attendiez
ils portaient	ils finissaient	ils attendaient
	FUTUR SIMPLE	
je porterai	je finirai	j'attendrai
tu porteras	tu finiras	tu attendras
il portera	il finira	il attendra
nous porterons	nous finirons	nous attendrons
vous porterez	vous finirez	vous attendrez
ils porteront	ils finiront	ils attendront

je porterais	je finirais	j'attendrais
tu porterais	tu finirais	tu attendrais
il porterait	il finirait	il attendrait
nous porterions	nous finirions	nous attendrions
vous porteriez	vous finiriez	vous attendriez
ils porteraient	ils finiraient	ils attendraient

PASSÉ SIMPLE

je portai	je finis	j'attendis
tu portas	tu finis	tu attendis
il porta	il finit	il attendit
nous portâmes	nous finîmes	nous attendîmes
vous portâtes	vous finîtes	vous attendîtes
ils portèrent	ils finirent	ils attendirent

PRÉSENT DU SUBJONCTIF

(que) je porte	(que) je finisse	(que) j'attende
(que) tu portes	(que) tu finisses	(que) tu attendes
(qu') il porte	(qu') il finisse	(qu') il attende
(que) nous portions	(que) nous finissions	(que) nous attendions
(que) vous portiez	(que) vous finissiez	(que) vous attendiez
(qu') ils portent	(qu') ils finissent	(qu') ils attendent

IMPARFAIT DU SUBJONCTIF

(que) je portasse	(que) je finisse	(que) j'attendisse
(que) tu portasses	(que) tu finisses	(que) tu attendisses
(qu') il portât	(qu') il finît	(qu') il attendît
(que) nous portassions	(que) nous finissions	(que) nous attendissions
(que) vous portassiez	(que) vous finissiez	(que) vous attendissiez
(qu') ils portassent	(qu') ils finissent	(qu') ils attendissent

PASSÉ COMPOSÉ

| j'ai porté, etc. | j'ai fini, etc. | j'ai attendu, etc. |

PLUS-QUE-PARFAIT DE L'INDICATIF

| j'avais porté, etc. | j'avais fini, etc. | j'avais attendu, etc. |

PASSÉ ANTÉRIEUR

| j'eus porté, etc. | j'eus fini, etc. | j'eus attendu, etc. |

PASSÉ SURCOMPOSÉ

| j'ai eu porté, etc. | j'ai eu fini, etc. | j'ai eu attendu, etc. |

FUTUR ANTÉRIEUR

| j'aurai porté, etc. | j'aurai fini, etc. | j'aurai attendu, etc |

j'aurais porté, etc.

j'aurais fini, etc.

j'aurais attendu, etc.

(que) j'aie porté, etc.

(que) j'aie fini, etc.

(que) j'aie attendu, etc.

(que) j'eusse porté, etc.

(que) j'eusse fini, etc.

(que) j'eusse attendu, etc.

Appendice numéro trois

1. CONJUGAISON DU VERBE AUXILIAIRE *AVOIR*

INFINITIF:	avoir
PARTICIPE PRÉSENT:	ayant
PARTICIPE PASSÉ:	eu

INDICATIF

PRÉSENT	IMPARFAIT	PASSÉ SIMPLE	FUTUR SIMPLE
ai	avais	eus	aurai
as	avais	eus	auras
a	avait	eut	aura
avons	avions	eûmes	aurons
avez	aviez	eûtes	aurez
ont	avaient	eurent	auront

PASSÉ COMPOSÉ	PLUS-QUE-PARFAIT	PASSÉ ANTÉRIEUR	FUTUR ANTÉRIEUR
ai eu	avais eu	eus eu	aurai eu
as eu	avais eu	eus eu	auras eu
a eu	avait eu	eut eu	aura eu
avons eu	avions eu	eûmes eu	aurons eu
avez eu	aviez eu	eûtes eu	aurez eu
ont eu	avaient eu	eurent eu	auront eu

CONDITIONNEL

PRÉSENT	PASSÉ
aurais	aurais eu
aurais	aurais eu
aurait	aurait eu
aurions	aurions eu
auriez	auriez eu
auraient	auraient eu

IMPÉRATIF

aie

ayons

ayez

SUBJONCTIF

PRÉSENT	IMPARFAIT	PASSÉ	PLUS-QUE-PARFAIT
aie	eusse	aie eu	eusse eu
aies	eusses	aies eu	eusses eu
ait	eût	ait eu	eût eu
ayons	eussions	ayons eu	eussions eu
ayez	eussiez	ayez eu	eussiez eu
aient	eussent	aient eu	eussent eu

2. CONJUGAISON DU VERBE AUXILIAIRE ÊTRE

INFINITIF: être
PARTICIPE PRÉSENT: étant
PARTICIPE PASSÉ: été

INDICATIF

PRÉSENT	IMPARFAIT	PASSÉ SIMPLE	FUTUR SIMPLE
suis	étais	fus	serai
es	étais	fus	seras
est	était	fut	sera
sommes	étions	fûmes	serons
êtes	étiez	fûtes	serez
sont	étaient	furent	seront

PASSÉ COMPOSÉ	PLUS-QUE-PARFAIT	PASSÉ ANTÉRIEUR	FUTUR ANTÉRIEUR
ai été	avais été	eus été	aurai été
as été	avais été	eus été	auras été
a été	avait été	eut été	aura été
avons été	avions été	eûmes été	aurons été
avez été	aviez été	eûtes été	aurez été
ont été	avaient été	eurent été	auront été

CONDITIONNEL

PRÉSENT	PASSÉ
serais	aurais été
serais	aurais été
serait	aurait été
serions	aurions été
seriez	auriez été
seraient	auraient été

IMPÉRATIF

sois

soyons
soyez

SUBJONCTIF

PRÉSENT	IMPARFAIT	PASSÉ	PLUS-QUE-PARFAIT
sois	fusse	aie été	eusse été
sois	fusses	aies été	eusses été
soit	fût	ait été	eût été
soyons	fussions	ayons été	eussions été
soyez	fussiez	ayez été	eussiez été
soient	fussent	aient été	eussent été

3. CONJUGAISON DES VERBES IRRÉGULIERS*

Dans les tables de conjugaison des verbes irréguliers le passé composé est indiqué, afin de signaler le verbe auxiliaire qu'exige le verbe. Les temps composés se forment comme suit:

INDICATIF

PASSÉ COMPOSÉ:	Présent
PLUS-QUE-PARFAIT:	Imparfait
PASSÉ ANTÉRIEUR:	Passé simple
PASSÉ SURCOMPOSÉ:	Passé composé
FUTUR ANTÉRIEUR:	Futur simple

du verbe auxiliaire + participe passé

PASSÉ DU CONDITIONNEL: présent du conditionnel du verbe auxiliaire + participe passé

SUBJONCTIF

PASSÉ:	Présent du subjonctif
PLUS-QUE-PARFAIT:	Imparfait du subjonctif

du verbe auxiliaire + participe passé

---

*Je voudrais remercier mon collègue et ami Douglas W. Alden et son éditeur, Appleton-Century-Crofts, qui m'ont aimablement permis d'établir ma table de verbes irréguliers sur le modèle de celle qui se trouve dans le *Premier Manuel,* qu'ils ont publié en 1954.

INFINITIF ET PARTICIPES	INDICATIF			
	PRÉSENT	IMPARFAIT	PASSÉ SIMPLE	PASSÉ COMPOSÉ
Acquérir	acquiers	acquérais	acquis	ai acquis
(*to acquire*)	acquiers	acquérais	acquis	as acquis
acquérant	acquiert	acquérait	acquit	a acquis
acquis	acquérons	acquérions	acquîmes	avons acquis
	acquérez	acquériez	acquîtes	avez acquis
	acquièrent	acquéraient	acquirent	ont acquis
Aller	vais	allais	allai	suis allé(e)
(*to go*)	vas	allais	allas	es allé(e)
allant	va	allait	alla	est allé(e)
allé	allons	allions	allâmes	sommes allé(e)s
	allez	alliez	allâtes	êtes allé(e)(s)
	vont	allaient	allèrent	sont allé(e)s
Asseoir*	assieds	asseyais	assis	me suis assis(e)
(*to seat*)	assieds	asseyais	assis	t'es assis(e)
asseyant	assied	asseyait	assit	s'est assis(e)
assis	asseyons	asseyions	assîmes	nous sommes assis(es)
	asseyez	asseyiez	assîtes	vous êtes assis(e)(s)
	asseyent	asseyaient	assirent	se sont assis(es)
assoyant .	assois	assoyais		
	assois	assoyais		
	assoit	assoyait		
	assoyons	assoyions		
	assoyez	assoyiez		
	assoient	assoyaient		
Battre	bats	battais	battis	ai battu
(*to beat*)	bats	battais	battis	as battu
battant	bat	battait	battit	a battu
battu	battons	battions	battîmes	avons battu
	battez	battiez	battîtes	avez battu
	battent	battaient	battirent	ont battu
Boire	bois	buvais	bus	ai bu
(*to drink*)	bois	buvais	bus	as bu
buvant	boit	buvait	but	a bu
bu	buvons	buvions	bûmes	avons bu
	buvez	buviez	bûtes	avez bu
	boivent	buvaient	burent	ont bu

*Le verbe *asseoir* a deux conjugaisons, sauf au passé simple, au passé composé et à l'imparfait du subjonctif.

	CONDITIONNEL	IMPÉRATIF	SUBJONCTIF	
FUTUR SIMPLE	PRÉSENT		PRÉSENT	IMPARFAIT
acquerrai	acquerrais		acquière	acquisse
acquerras	acquerrais	acquiers	acquières	acquisses
acquerra	acquerrait		acquière	acquît
acquerrons	acquerrions	acquérons	acquérions	acquissions
acquerrez	acquerriez	acquérez	acquériez	acquissiez
acquerront	acquerraient		acquièrent	acquissent
irai	irais		aille	allasse
iras	irais	va	ailles	allasses
ira	irait		aille	allât
irons	irions	allons	allions	allassions
irez	iriez	allez	alliez	allassiez
iront	iraient		aillent	allassent
assiérai	assiérais		asseye	assisse
assiéras	assiérais	assieds-toi	asseyes	assisses
assiéra	assiérait		asseye	assît
assiérons	assiérions	asseyons-nous	asseyions	assissions
assiérez	assiériez	asseyez-vous	asseyiez	assissiez
assiéront	assiéraient		asseyent	assissent
assoirai	assoirais		assoie	
assoiras	assoirais	assois-toi	assoies	
assoira	assoirait		assoie	
assoirons	assoirions	assoyons-nous	assoyions	
assoirez	assoiriez	assoyez-vous	assoyiez	
assoiront	assoiraient		assoient	
battrai	battrais		batte	battisse
battras	battrais	bats	battes	battisses
battra	battrait		batte	battît
battrons	battrions	battons	battions	battissions
battrez	battriez	battez	battiez	battissiez
battront	battraient		battent	battissent
boirai	boirais		boive	busse
boiras	boirais	bois	boives	busses
boira	boirait		boive	bût
boirons	boirions	buvons	buvions	bussions
boirez	boiriez	buvez	buviez	bussiez
boiront	boiraient		boivent	bussent

INFINITIF ET PARTICIPES	INDICATIF			
	PRÉSENT	IMPARFAIT	PASSÉ SIMPLE	PASSÉ COMPOSÉ
Conclure	conclus	concluais	conclus	ai conclu
(*to conclude*)	conclus	concluais	conclus	as conclu
concluant	conclut	concluait	conclut	a conclu
conclu	concluons	concluions	conclûmes	avons conclu
	concluez	concluiez	conclûtes	avez conclu
	concluent	concluaient	conclurent	ont conclu
Conduire	conduis	conduisais	conduisis	ai conduit
(*to lead*)	conduis	conduisais	conduisis	as conduit
conduisant	conduit	conduisait	conduisit	a conduit
conduit	conduisons	conduisions	conduisîmes	avons conduit
	conduisez	conduisiez	conduisites	avez conduit
	conduisent	conduisaient	conduisirent	ont conduit
Connaître	connais	connaissais	connus	ai connu
(*to be acquainted*)	connais	connaissais	connus	as connu
	connaît	connaissait	connut	a connu
connaissent	connaissons	connaissions	connûmes	avons connu
connu	connaissez	connaissiez	connûtes	avez connu
	connaissent	connaissaient	connurent	ont connu
Coudre	couds	cousais	cousis	ai cousu
(*to sew*)	couds	cousais	cousis	as cousu
cousant	coud	cousait	cousit	a cousu
cousu	cousons	cousions	cousîmes	avons cousu
	cousez	cousiez	cousîtes	avez cousu
	cousent	cousaient	cousirent	ont cousu
Courir	cours	courais	courus	ai couru
(*to run*)	cours	courais	courus	as couru
courant	court	courait	courut	a couru
couru	courons	courions	courûmes	avons couru
	courez	couriez	courûtes	avez couru
	courent	couraient	coururent	ont couru
Craindre	crains	craignais	craignis	ai craint
(*to fear*)	crains	craignais	craignis	as craint
craignant	craint	craignait	craignit	a craint
craint	craignons	craignions	craignîmes	avons craint
	craignez	craigniez	craignîtes	avez craint
	craignent	craignaient	craignirent	ont craint

FUTUR SIMPLE	CONDITIONNEL PRÉSENT	IMPÉRATIF	SUBJONCTIF PRÉSENT	IMPARFAIT
conclurai	conclurais		conclue	conclusse
concluras	conclurais	conclus	conclues	conclusses
conclura	conclurait		conclue	conclût
conclurons	conclurions	concluons	concluions	conclussions
conclurez	concluriez	concluez	concluiez	conclussiez
concluront	concluraient		concluent	conclussent
conduirai	conduirais		conduise	conduisisse
conduiras	conduirais	conduis	conduises	conduisisses
conduira	conduirait		conduise	conduisît
conduirons	conduirions	conduisons	conduisions	conduisissions
conduirez	conduiriez	conduisez	conduisiez	conduisissiez
conduiront	conduiraient		conduisent	conduisissent
connaîtrai	connaîtrais		connaisse	connusse
connaîtras	connaîtrais	connais	connaisses	connusses
connaîtra	connaîtrait		connaisse	connût
connaîtrons	connaîtrions	connaissons	connaissions	connussions
connaîtrez	connaîtriez	connaissez	connaissiez	connussiez
connaîtront	connaîtraient		connaissent	connussent
coudrai	coudrais		couse	cousisse
coudras	coudrais	couds	couses	cousisses
coudra	coudrait		couse	cousît
coudrons	coudrions	cousons	cousions	cousissions
coudrez	coudriez	cousez	cousiez	cousissiez
coudront	coudraient		cousent	cousissent
courrai	courrais		coure	courusse
courras	courrais	cours	coures	courusses
courra	courrait		coure	courût
courrons	courrions	courons	courions	courussions
courrez	courriez	courez	couriez	courussiez
courront	courraient		courent	courussent
craindrai	craindrais		craigne	craignisse
craindras	craindrais	crains	craignes	craignisses
craindra	craindrait		craigne	craignît
craindrons	craindrions	craignons	craignions	craignissions
craindrez	craindriez	craignez	craigniez	craignissiez
craindront	craindraient		craignent	craignissent

INFINITIF ET PARTICIPES	INDICATIF			
	PRÉSENT	IMPARFAIT	PASSÉ SIMPLE	PASSÉ COMPOSÉ
Croire	crois	croyais	crus	ai cru
(*to believe*)	crois	croyais	crus	as cru
croyant	croit	croyait	crut	a cru
cru	croyons	croyions	crûmes	avons cru
	croyez	croyiez	crûtes	avez cru
	croient	croyaient	crurent	ont cru
Croître	croîs	croissais	crûs	ai crû
(*to grow*)	croîs	croissais	crûs	as crû
croissant	croît	croissait	crût	a crû
crû, crue	croissons	croissions	crûmes	avons crû
	croissez	croissiez	crûtes	avez crû
	croissent	croissaient	crûrent	ont crû
Cueillir	cueille	cueillais	cueillis	ai cueilli
(*to pick*)	cueilles	cueillais	cueillis	as cueilli
cueillant	cueille	cueillait	cueillit	a cueilli
cueilli	cueillons	cueillions	cueillîmes	avons cueilli
	cueillez	cueilliez	cueillîtes	avez cueilli
	cueillent	cueillaient	cueillirent	ont cueilli
Devoir	dois	devais	dus	ai dû
(*to owe,*	dois	devais	dus	as dû
have to)	doit	devait	dut	a dû
devant	devons	devions	dûmes	avons dû
dû, due	devez	deviez	dûtes	avez dû
	doivent	devaient	durent	ont dû
Dire	dis	disais	dis	ai dit
(*to say, tell*)	dis	disais	dis	as dit
disant	dit	disait	dit	a dit
dit	disons	disions	dîmes	avons dit
	dites	disiez	dîtes	avez dit
	disent	disaient	dirent	ont dit
Écrire	écris	écrivais	écrivis	ai écrit
(*to write*)	écris	écrivais	écrivis	as écrit
écrivant	écrit	écrivait	écrivit	a écrit
écrit	écrivons	écrivions	écrivîmes	avons écrit
	écrivez	écriviez	écrivîtes	avez écrit
	écrivent	écrivaient	écrivirent	ont écrit

	CONDITIONNEL	IMPÉRATIF	SUBJONCTIF	
FUTUR SIMPLE	PRÉSENT		PRÉSENT	IMPARFAIT
croirai	croirais		croie	crusse
croiras	croirais	crois	croies	crusses
croira	croirait		croie	crût
croirons	croirions	croyons	croyions	crussions
croirez	croiriez	croyez	croyiez	crussiez
croiront	croiraient		croient	crussent
croîtrai	croîtrais		croisse	crusse
croîtras	croîtrais	crois	croisses	crusses
croîtra	croîtrait		croisse	crût
croîtrons	croîtrions	croissons	croissions	crussions
croîtrez	croîtriez	croissez	croissiez	crussiez
croîtront	croîtraient		croissent	crûssent
cueillerai	cueillerais		cueille	cueillisse
cueilleras	cueillerais	cueille	cueilles	cueillisses
cueillera	cueillerait		cueille	cueillît
cueillerons	cueillerions	cueillons	cueillions	cueillissions
cueillerez	cueilleriez	cueillez	cueilliez	cueillissiez
cueilleront	cueilleraient		cueillent	cueillissent
devrai	devrais		doive	dusse
devras	devrais	dois	doives	dusses
devra	devrait		doive	dût
devrons	devrions	devons	devions	dussions
devrez	devriez	devez	deviez	dussiez
devront	devraient		doivent	dussent
dirai	dirais		dise	disse
diras	dirais	dis	dises	disses
dira	dirait		dise	dît
dirons	dirions	disons	disions	dissions
direz	diriez	dites	disiez	dissiez
diront	diraient		disent	dissent
écrirai	écrirais		écrive	écrivisse
écriras	écrirais	écris	écrives	écrivisses
écrira	écrirait		écrive	écrivît
écrirons	écririons	écrivons	écrivions	écrivissions
écrirez	écririez	écrivez	écriviez	écrivissiez
écriront	écriraient		écrivent	écrivissent

INFINITIF ET PARTICIPES	INDICATIF			
	PRÉSENT	IMPARFAIT	PASSÉ SIMPLE	PASSÉ COMPOSÉ
Envoyer	envoie	envoyais	envoyai	ai envoyé
(*to send*)	envoies	envoyais	envoyas	as envoyé
envoyant	envoie	envoyait	envoya	a envoyé
envoyé	envoyons	envoyions	envoyâmes	avons envoyé
	envoyez	envoyiez	envoyâtes	avez envoyé
	envoient	envoyaient	envoyèrent	ont envoyé
Faire	fais	faisais	fis	ai fait
(*to do, make*)	fais	faisais	fis	as fait
faisant	fait	faisait	fit	a fait
fait	faisons	faisions	fîmes	avons fait
	faites	faisiez	fîtes	avez fait
	font	faisaient	firent	ont fait
Falloir	il faut	il fallait	il fallut	il a fallu
(*to be necessary*)				
fallu				
Fuir	fuis	fuyais	fuis	ai fui
(*to flee*)	fuis	fuyais	fuis	as fui
fuyant	fuit	fuyait	fuit	a fui
fui	fuyons	fuyions	fuîmes	avons fui
	fuyez	fuyiez	fuîtes	avez fui
	fuient	fuyaient	fuirent	ont fui
Haïr	hais	haïssais	haïs	ai haï
(*to hate*)	hais	haïssais	haïs	as haï
haïssant	hait	haïssait	haït	a haï
haï	haïssons	haïssions	haïmes	avons haï
	haïssez	haïssiez	haïtes	avez haï
	haïssent	haïssaient	haïrent	ont haï
Lire	lis	lisais	lus	ai lu
(*to read*)	lis	lisais	lus	as lu
lisant	lit	lisait	lut	a lu
lu	lisons	lisions	lûmes	avons lu
	lisez	lisiez	lûtes	avez lu
	lisent	lisaient	lurent	ont lu

	CONDITIONNEL	IMPÉRATIF	SUJONCTIF	
FUTUR SIMPLE	PRÉSENT		PRÉSENT	IMPARFAIT
enverrai	enverrais		envoie	envoyasse
enverras	enverrais	envoie	envoies	envoyasses
enverra	enverrait		envoie	envoyât
enverrons	enverrions	envoyons	envoyions	envoyassions
enverrez	enverriez	envoyez	envoyiez	envoyassiez
enverront	enverraient		envoient	envoyassent
ferai	ferais		fasse	fisse
feras	ferais	fais	fasses	fisses
fera	ferait		fasse	fît
ferons	ferions	faisons	fassions	fissions
ferez	feriez	faites	fassiez	fissiez
feront	feraient		fassent	fissent
il faudra	il faudrait		il faille	il fallût
fuirai	fuirais		fuie	fuisse
fuiras	fuirais	fuis	fuies	fuisses
fuira	fuirait		fuie	fuît
fuirons	fuirions	fuyons	fuyions	fuissions
fuirez	fuiriez	fuyez	fuyiez	fuissiez
fuiront	fuiraient		fuient	fuissent
haïrai	haïrais		haïsse	haïsse
haïras	haïrais	hais	haïsses	haïsses
haïra	haïrait		haïsse	haït
haïrons	haïrions	haïssons	haïssions	haïssions
haïrez	haïriez	haïssez	haïssiez	haïssiez
haïront	haïraient		haïssent	haïssent
lirai	lirais		lise	lusse
liras	lirais	lis	lises	lusses
lira	lirait		lise	lût
lirons	lirions	lisons	lisions	lussions
lirez	liriez	lisez	lisiez	lussiez
liront	liraient		lisent	lussent

INFINITIF ET PARTICIPES	INDICATIF			
	PRÉSENT	IMPARFAIT	PASSÉ SIMPLE	PASSÉ COMPOSÉ
Mettre	mets	mettais	mis	ai mis
(*to put*)	mets	mettais	mis	as mis
mettant	met	mettait	mit	a mis
mis	mettons	mettions	mîmes	avons mis
	mettez	mettiez	mîtes	avez mis
	mettent	mettaient	mirent	ont mis
Mourir	meurs	mourais	mourus	suis mort(e)
(*to die*)	meurs	mourais	mourus	es mort(e)
mourant	meurt	mourait	mourut	est mort(e)
mort	mourons	mourions	mourûmes	sommes mort(e)s
	mourez	mouriez	mourûtes	êtes mort(e)(s)
	meurent	mouraient	moururent	sont mort(e)s
Naître	nais	naissais	naquis	suis né(e)
(*to be born*)	nais	naissais	naquis	es né(e)
naissant	naît	naissait	naquit	est né(e)
né	naissons	naissions	naquîmes	sommes né(e)s
	naissez	naissiez	naquîtes	êtes né(e)(s)
	naissent	naissaient	naquirent	sont né(e)s
Ouvrir	ouvre	ouvrais	ouvris	ai ouvert
(*to open*)	ouvres	ouvrais	ouvris	as ouvert
ouvrant	ouvre	ouvrait	ouvrit	a ouvert
ouvert	ouvrons	ouvrions	ouvrîmes	avons ouvert
	ouvrez	ouvriez	ouvrîtes	avez ouvert
	ouvrent	ouvraient	ouvrirent	ont ouvert
Peindre	peins	peignais	peignis	ai peint
(*to paint*)	peins	peignais	peignis	as peint
peignant	peint	peignait	peignit	a peint
peint	peignons	peignions	peignîmes	avons peint
	peignez	peigniez	peignîtes	avez peint
	peignent	peignaient	peignirent	ont peint
Plaire	plais	plaisais	plus	ai plu
(*to please*)	plais	plaisais	plus	as plu
plaisant	plaît	plaisait	plut	a plu
plu	plaisons	plaisions	plûmes	avons plu
	plaisez	plaisiez	plûtes	avez plu
	plaisent	plaisaient	plurent	ont plu

	CONDITIONNEL	IMPÉRATIF	SUBJONCTIF	
FUTUR SIMPLE	PRÉSENT		PRÉSENT	IMPARFAIT
mettrai	mettrais		mette	misse
mettras	mettrais	mets	mettes	misses
mettra	mettrait		mette	mît
mettrons	mettrions	mettons	mettions	missions
mettrez	mettriez	mettez	mettiez	missiez
mettront	mettraient		mettent	missent
mourrai	mourrais		meure	mourusse
mourras	mourrais	meurs	meures	mourusses
mourra	mourrait		meure	mourût
mourrons	mourrions	mourons	mourions	mourussions
mourrez	mourriez	mourez	mouriez	mourussiez
mourront	mourraient		meurent	mourussent
naîtrai	naîtrais		naisse	naquisse
naîtras	naîtrais	nais	naisses	naquisses
naîtra	naîtrait		naisse	naquît
naîtrons	naîtrions	naissons	naissions	naquissions
naîtrez	naîtriez	naissez	naissiez	naquissiez
naîtront	naîtraient		naissent	naquissent
ouvrirai	ouvrirais		ouvre	ouvrisse
ouvriras	ouvrirais	ouvre	ouvres	ouvrisses
ouvrira	ouvrirait		ouvre	ouvrît
ouvrirons	ouvririons	ouvrons	ouvrions	ouvrissions
ouvrirez	ouvririez	ouvrez	ouvriez	ouvrissiez
ouvriront	ouvriraient		ouvrent	ouvrissent
peindrai	peindrais		peigne	peignisse
peindras	peindrais	peins	peignes	peignisses
peindra	peindrait		peigne	peignît
peindrons	peindrions	peignons	peignions	peignissions
peindrez	peindriez	peignez	peigniez	peignissiez
peindront	peindraient		peignent	peignissent
plairai	plairais		plaise	plusse
plairas	plairais	plais	plaises	plusses
plaira	plairait		plaise	plût
plairons	plairions	plaisons	plaisions	plussions
plairez	plairiez	plaisez	plaisiez	plussiez
plairont	plairaient		plaisent	plussent

INFINITIF ET PARTICIPES	INDICATIF			
	PRÉSENT	IMPARFAIT	PASSÉ SIMPLE	PASSÉ COMPOSÉ
Pleuvoir (*to rain*) pleuvant plu	il pleut	il pleuvait	il plut	il a plu
Pouvoir (*to be able*) pouvant pu	peux, puis peux peut pouvons pouvez peuvent	pouvais pouvais pouvait pouvions pouviez pouvaient	pus pus put pûmes pûtes purent	ai pu as pu a pu avons pu avez pu ont pu
Prendre (*to take*) prenant pris	prends prends prend prenons prenez prennent	prenais prenais prenait prenions preniez prenaient	pris pris prit prîmes prîtes prirent	ai pris as pris a pris avons pris avez pris ont pris
Recevoir (*to receive*) recevant reçu	reçois reçois reçoit recevons recevez reçoivent	recevais recevais recevait recevions receviez recevaient	reçus reçus reçut reçûmes reçûtes reçurent	ai reçu as reçu a reçu avons reçu avez reçu ont reçu
Résoudre (*to resolve, to solve*) résolvant résolu	résous résous résout résolvons résolvez résolvent	résolvais résolvais résolvait résolvions résolviez résolvaient	résolus résolus résolut résolûmes résolûtes résolurent	ai résolu as résolu a résolu avons résolu avez résolu ont résolu
Rire (*to laugh*) riant ri	ris ris rit rions riez rient	riais riais riait riions riiez riaient	ris ris rit rîmes rîtes rirent	ai ri as ri a ri avons ri avez ri ont ri

	CONDITIONNEL	IMPÉRATIF	SUBJONCTIF	
FUTUR SIMPLE	PRÉSENT		PRÉSENT	IMPARFAIT
il pleuvra	il pleuvrait		il pleuve	il plût
pourrai	pourrais		puisse	pusse
pourras	pourrais		puisses	pusses
pourra	pourrait		puisse	pût
pourrons	pourrions		puissions	pussions
pourrez	pourriez		puissiez	pussiez
pourront	pourraient		puissent	pussent
prendrai	prendrais		prenne	prisse
prendras	prendrais	prends	prennes	prisses
prendra	prendrait		prenne	prît
prendrons	prendrions	prenons	prenions	prissions
prendrez	prendriez	prenez	preniez	prissiez
prendront	prendraient		prennent	prissent
recevrai	recevrais		reçoive	reçusse
recevras	recevrais	reçois	reçoives	reçusses
recevra	recevrait		reçoive	reçût
recevrons	recevrions	recevons	recevions	reçussions
recevrez	recevriez	recevez	receviez	reçussiez
recevront	recevraient		reçoivent	reçussent
résoudrai	résoudrais		résolve	résolusse
résoudras	résoudrais	résous	résolves	résolusses
résoudra	résoudrait		résolve	résolût
résoudrons	résoudrions	résolvons	résolvions	résolussions
résoudrez	résoudriez	résolvez	résolviez	résolussiez
résoudront	résoudraient		résolvent	résolussent
rirai	rirais		rie	risse
riras	rirais	ris	ries	risses
rira	rirait		rie	rît
rirons	ririons	rions	riions	rissions
rirez	ririez	riez	riiez	rissiez
riront	riraient		rient	rissent

INFINITIF ET PARTICIPES	INDICATIF			
	PRÉSENT	IMPARFAIT	PASSÉ SIMPLE	PASSÉ COMPOSÉ
Savoir	sais	savais	sus	ai su
(*to know*)	sais	savais	sus	as su
sachant	sait	savait	sut	a su
su	savons	savions	sûmes	avons su
	savez	saviez	sûtes	avez su
	savent	savaient	surent	ont su
Suffire	suffis	suffisais	suffis	ai suffi
(*to be sufficient*)	suffis	suffisais	suffis	as suffi
suffisant	suffit	suffisait	suffit	a suffi
suffi	suffisons	suffisions	suffîmes	avons suffi
	suffisez	suffisiez	suffîtes	avez suffi
	suffisent	suffisaient	suffirent	ont suffi
Suivre	suis	suivais	suivis	ai suivi
(*to follow*)	suis	suivais	suivis	as suivi
suivant	suit	suivait	suivit	a suivi
suivi	suivons	suivions	suivîmes	avons suivi
	suivez	suiviez	suivîtes	avez suivi
	suivent	suivaient	suivirent	ont suivi
Tenir	tiens	tenais	tins	ai tenu
(*to hold, keep*)	tiens	tenais	tins	as tenu
tenant	tient	tenait	tint	a tenu
tenu	tenons	tenions	tînmes	avons tenu
	tenez	teniez	tîntes	avez tenu
	tiennent	tenaient	tinrent	ont tenu
Vaincre	vaincs	vainquais	vainquis	ai vaincu
(*to conquer*)	vaincs	vainquais	vainquis	as vaincu
vainquant	vainc	vainquait	vainquit	a vaincu
vaincu	vainquons	vainquions	vainquîmes	avons vaincu
	vainquez	vainquiez	vainquîtes	avez vaincu
	vainquent	vainquaient	vainquirent	ont vaincu
Valoir	vaux	valais	valus	ai valu
(*to be worth*)	vaux	valais	valus	as valu
valant	vaut	valait	valut	a valu
valu	valons	valions	valûmes	avons valu
	valez	valiez	valûtes	avez valu
	valent	valaient	valurent	ont valu

	CONDITIONNEL	IMPÉRATIF	SUBJONCTIF	
FUTUR SIMPLE	PRÉSENT		PRÉSENT	IMPARFAIT
saurai	saurais		sache	susse
sauras	saurais	sache	saches	susses
saura	saurait		sache	sût
saurons	saurions	sachons	sachions	sussions
saurez	sauriez	sachez	sachiez	sussiez
sauront	sauraient		sachent	sussent
suffirai	suffirais		suffise	suffisse
suffiras	suffirais	suffis	suffises	suffisses
suffira	suffirait		suffise	suffît
suffirons	suffirions	suffisons	suffisions	suffissions
suffirez	suffiriez	suffisez	suffisiez	suffissiez
suffiront	suffiraient		suffisent	suffissent
suivrai	suivrais		suive	suivisse
suivras	suivrais	suis	suives	suivisses
suivra	suivrait		suive	suivît
suivrons	suivrions	suivons	suivions	suivissions
suivrez	suivriez	suivez	suiviez	suivissiez
suivront	suivraient		suivent	suivissent
tiendrai	tiendrais		tienne	tinsse
tiendras	tiendrais	tiens	tiennes	tinsses
tiendra	tiendrait		tienne	tînt
tiendrons	tiendrions	tenons	tenions	tinssions
tiendrez	tiendriez	tenez	teniez	tinssiez
tiendront	tiendraient		tiennent	tinssent
vaincrai	vaincrais		vainque	vainquisse
vaincras	vaincrais	vaincs	vainques	vainquisses
vaincra	vaincrait		vainque	vainquît
vaincrons	vaincrions	vainquons	vainquions	vainquissions
vaincrez	vaincriez	vainquez	vainquiez	vainquissiez
vaincront	vaincraient		vainquent	vainquissent
vaudrai	vaudrais		vaille	valusse
vaudras	vaudrais	vaux	vailles	valusses
vaudra	vaudrait		vaille	valût
vaudrons	vaudrions	valons	valions	valussions
vaudrez	vaudriez	valez	valiez	valussiez
vaudront	vaudraient		vaillent	valussent

INFINITIF ET PARTICIPES	INDICATIF			
	PRÉSENT	IMPARFAIT	PASSÉ SIMPLE	PASSÉ COMPOSÉ
Venir	viens	venais	vins	suis venu(e)
(*to come*)	viens	venais	vins	es venu(e)
venant	vient	venait	vint	est venu(e)
venu	venons	venions	vînmes	sommes venu(e)s
	venez	veniez	vîntes	êtes venu(e)(s)
	viennent	venaient	vinrent	sont venu(e)s
Vêtir	vêts	vêtais	vêtis	ai vêtu
(*to dress*)	vêts	vêtais	vêtis	as vêtu
vêtant	vêt	vêtait	vêtit	a vêtu
vêtu	vêtons	vêtions	vêtîmes	avons vêtu
	vêtez	vêtiez	vêtîtes	avez vêtu
	vêtent	vêtaient	vêtirent	ont vêtu
Vivre	vis	vivais	vécus	ai vécu
(*to live*)	vis	vivais	vécus	as vécu
vivant	vit	vivait	vécut	a vécu
vécu	vivons	vivions	vécûmes	avons vécu
	vivez	viviez	vécûtes	avez vécu
	vivent	vivaient	vécurent	ont vécu
Voir	vois	voyais	vis	ai vu
(*to see*)	vois	voyais	vis	as vu
voyant	voit	voyait	vit	a vu
vu	voyons	voyions	vîmes	avons vu
	voyez	voyiez	vîtes	avez vu
	voient	voyaient	virent	ont vu
Vouloir	veux	voulais	voulus	ai voulu
(*to wish*	veux	voulais	voulus	as voulu
want)	veut	voulait	voulut	a voulu
voulant	voulons	voulions	voulûmes	avons voulu
voulu	voulez	vouliez	voulûtes	avez voulu
	veulent	voulaient	voulurent	ont voulu

	CONDITIONNEL	IMPÉRATIF	SUBJONCTIF	
FUTUR SIMPLE	PRÉSENT		PRÉSENT	IMPARFAIT
viendrai	viendrais		vienne	vinsse
viendras	viendrais	viens	viennes	vinsses
viendra	viendrait		vienne	vînt
viendrons	viendrions	venons	venions	vinssions
viendrez	viendriez	venez	veniez	vinssiez
viendront	viendraient		viennent	vinssent
vêtirai	vêtirais		vête	vêtisse
vêtiras	vêtirais	vêts	vêtes	vêtisses
vêtira	vêtirait		vête	vêtît
vêtirons	vêtirions	vêtons	vêtions	vêtissions
vêtirez	vêtiriez	vêtez	vêtiez	vêtissiez
vêtiront	vêtiraient		vêtent	vêtissent
vivrai	vivrais		vive	vécusse
vivras	vivrais	vis	vives	vécusses
vivra	vivrait		vive	vécût
vivrons	vivrions	vivons	vivions	vécussions
vivrez	vivriez	vivez	viviez	vécussiez
vivront	vivraient		vivent	vécussent
verrai	verrais		voie	visse
verras	verrais	vois	voies	visses
verra	verrait		voie	vît
verrons	verrions	voyons	voyions	vissions
verrez	verriez	voyez	voyiez	vissiez
verront	verraient		voient	vissent
voudrai	voudrais		veuille	voulusse
voudras	voudrais	veuille	veuilles	voulusses
voudra	voudrait		veuille	voulût
voudrons	voudrions	voulons	voulions	voulussions
voudrez	voudriez	veuillez	vouliez	voulussiez
voudront	voudraient		veuillent	voulussent

N.B.: Les chiffres renvoient aux pages du manuel.